阅读日本
书 系

日本内阁制度

〔日〕山口二郎 / 著

吕耀东 谢若初 王惠波 / 译

社会科学文献出版社
SOCIAL SCIENCES ACADEMIC PRESS (CHINA)

本书根据东京大学出版会 2007 年版译出

阅读日本书系编辑委员会名单

序　言

　　日本行政学会创立以来，"行政学系列丛书"（辻清明等编，东京大学出版会，1976）和"系列丛书　行政学"（有斐阁，1994～1995）得以出版发行，而由我作为编集代表的"系列丛书　行政学"的出版发行业已十余载。我最初的设想是在"系列丛书"出版发行结束之后，旋即着手进行"行政学丛书"的编辑工作。但是，由于诸事烦杂，以至于出版发行的时间大幅延后，拖延至今。

　　然而，出版发行的延后也许是一种幸运。之所以这样讲，是因为在1995年起的十余年间，日本政治、行政构造所发生的变化着实不小。随着1993年自民党分裂，1955年以来持续38年的自民党一党独大时代落下帷幕，转向了联合执政时代。而后，作为政治改革的开端，众议院议员选举由中选举区制度改为小选举区比例代表并立制，政党补助金制度也被导入其中。作为20世纪80年代以来行政改革的一环，行政程序法和信息公开法得以制定。机关委任事务制经过第一次分权改革后被全面废除，以地方自治法为首的共计475部相关法令得以修改。"小泽构想"变为现实，副大臣、大臣政务官制度及党首讨论制度也被导入，政府委员制度被废除。"桥本行政改革"的法制化，内阁职能的强化，中央省厅的重组，独立行政法人、国立大学法人制度和政策评估制度的导入也得以进行。另外，总选举也变为基于提出政权公约之上的竞争。而后，在小泉内阁时期，道路公团及邮政事业等的民营化、"平成市町村合并"得以逐步实施。

　　虽然存在诸如公务员制度改革这类中途夭折的改革，但依据宪法的诸多基本法律制度仍被施以自战后改革以来从未有过的大幅修改。因此，这套"行政学丛书"的出版发行若依最初设想，在十余年前着手进行的话，各卷所记述的内容很有可能在出版发行后不久就会落后于时代。

　　此次，正值重启过往计划，决意重新开始这套"行政学丛书"的出版发行工作之际，丛书各卷作者业已对十余年来日本政治、行政的显著变化了然于胸，随即强烈希望在此基础之上，将对日本行政及行政学前沿进行展望的内容编著成册。

　　不过这套"行政学丛书"受到卷数限制，无法涵盖行政学的所有研究领域，因此只能将关注点集中于战略性主题，以开拓行政学领域为目标。虽说是开拓行政学领域，但若想扩大研究领域及对象的话，除了可以引入新的研究方法和视角，还应包含对特定主体的深入研究，提出颠覆固有学说的新见解。总之，对于时下最为关心的学术问题，每一位学者都将"新的专题论文"汇集于一册单行本之中，希望通过此类图书的连续问世，为日本行政学的新飞跃提供跳板。另外，如果此类学术性工作能对认识国家政治、行政构造的现状以及促使其进步与发展略尽绵薄之力的话，将荣幸之至。

2006 年 3 月

编者　西尾胜

目 录
Contents

绪论 讨论内阁制度的意义

近年，在政治领域，对内阁及首相权力、作用的关心日渐高涨。诚然，围绕首相宝座的权力争夺，即便在日本也是政党政治的最大课题。在自民党政治长期稳定运行期间，谁成为首相受到政界瞩目。与之相较，首相有何建树并没有受到更多关注，这样的情况持续了很长时间。所谓的五五年体制时代，是一个社会较为稳定、政府维持既定政策即可完成任务的时代。首相和大臣只要登上官僚机构的上层即可运行政权。20 世纪 70 年代后，除 80 年代的中曾根内阁之外，两年左右（甚至更短）就要更换首相的情况接连发生。但是，民众对此并未怀有强烈不满，大都对自民党政权表示支持。

1993 年政权更迭的经历，使民众对首相及内阁的关心程度发生变化。自民党已不是担当政权的绝对前提，谁出任首相、将有何作为等变得更受国民重视。随着泡沫经济崩溃和冷战结束，日本的政治经济环境也发生了巨大变化，固有政策已变得难以为继。政府进入了不得不有所作为的时代。国民对谁成为首相、将有何作为的关心和期待日渐高涨。国民不希望强势领导发挥其能力，政治状况也不需要他们如此行事，这种情况已经成为过去。在舆论对领导人政治能动性及魄力的期待日渐高涨的情况下，民众对内阁的看法也已不同以往。实际上，以建立能动性内阁为目标的制度改革也在进行之中。

在此，笔者想回顾为何在 20 世纪 90 年代，不得不对以内阁为首的选举制度、中央与地方的关系等种种国家制度进行改革。美国政治学者戴维·伊斯顿提出，政治体系构造由输入和输出两部分组成①，对此稍加细分，可以认为其是由输入、变更、输出三个阶段组成的（见图 0-1）。

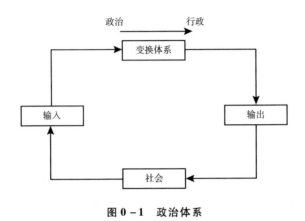

图 0-1　政治体系

　　输入是指国民的要求与支持意向传入政治体系、设定政策课题的过程。所谓变更，正如敲击电脑键盘时所发出的信号以日语文章的形式出现在显示器上那样，是指在顺应国民要求，使用国民所提供的资源的同时，编制具体法律、预算的过程。而输出，就是将上述已经完成的法律及预算付诸实施，推动社会发展的过程。

　　输入过程也是参与政治的过程。在代议制民主思想下，政治家、政党在捕捉国民希望及要求并将其政策主题化上倾注了很多努力。输入过程中最为重要的手段是选举。通过选举发现民意，并形成政策课题。

　　变更过程就是针对设定的政策课题提出具体解决策略的过程。这是一个政治与行政相互交错的范畴。国会议员以议员立法这一形式进行变更作业。但是，大部分变更作业都是由在国会占多数席位的执政党组织内阁，运用行政机构的官僚机构具体完成的。

---

① 　阿部斉『政治学入門』岩波書店、1996、172 頁。

输出过程属行政范畴。中央、地方行政职员以实施法律、执行预算的方式推动社会发展。

20世纪90年代，在这三个过程中都出现了极其严重的功能失调。以选举制度为中心的政治改革正是输入过程的改革。究其根源，国会代表职能下降，存在国民所诉求的政策课题得不到充分输入的问题。80年代之后，就经济结构改革及安全保障等重要政策课题而言，外部压力等"横加干预"① 反而更为有效。为了使国会议员能够更加准确地将国民所关心的课题进行输入，故而对选举制度进行改革。

变更过程中存在的问题是，官僚制度的退化、失败，以及内阁由于软弱无力而无法对此进行统治、修正。由于官僚组织僵化、存在既定权力等问题，日本的政策形成体系作为整体无法应对全球化、少子老龄化、环境问题等巨大的环境变化。显而易见的是，政策的需要与供给并不协调。国民怀有某种意愿而敲击键盘，而显示屏上却出现了截然不同的文章，这种状态一直在持续。对这种变更体系加以统治的操作系统本来应由内阁进行管理、统管。但是，在官僚组织上下级关系面前，内阁一直无法发挥其统管能力。在此情况下，强化内阁领导能力及综合调整功能这一课题就被提上议程。

输出过程从狭义上讲是行政改革的课题。在这个时期成为问题的是日本官僚制所秉承的传统政策方法。官僚掌握了大量裁度权力，依据行政指导等对经济活动进行统管。所谓裁度行政，在金融弊案东窗事发之时，就会受到社会舆论的谴责。另外，地方分权也是与输出过程相关的改革。在日本，正如机关委任事务②及补助金行政所代表的那样，地方公共团体被置于国家行政的基层，在中央省厅的监督下充当施政角色。由此，围绕获取补助金，中央与地方

---

① 佐々木毅『保守化と政治の意味空間——日本とアメリカを考える』岩波書店、1986、57 - 62 頁。

② 即依据法律及政令，由国家及其他地方公共团体等向都道府县知事、市町村长等地方公共团体机关委托的事务。2000 年因地方自治法修订而被废除，改为自治事务、法定受委托事务。——译者注

串通一气（即通常所说的官官接待①），在地方产生种种浪费。

　　在三个改革主题当中，为了提高政策的有效性，变更过程的改革最为重要。为了对日常性政策形成的扩大性领域加以汇总并适应新时代，有效、体系性地使用人力和资源这一作业只能由政治领导人而非官僚来完成。内阁本身正是这样的领导机关，理应更加精神饱满地采取行动。作为顺应民意制定政策并将其付诸实施的权力核心，内阁受到了人们的关注。

　　有关内阁的政治学及宪法学讨论，并未对如此现实性的关心予以回应。有的讨论过于教义化，脱离了内阁活动的实际情况；有的讨论对整个权力行使过于警惕，在对内阁进行积极改革这一课题上没有任何响应。对本应成为国家最大的权力发挥主体——内阁，学者和政治家都未予以充分理解。

　　本书试图在将议会内阁制的发源地——英国与日本进行对比的同时，对内阁制度的历史加以回顾，探讨有关制度本质及特征的法律性、政治性理论，考察适合日本内阁制度改革的方向。本书还尝试对20世纪90年代以后日本内阁制度的改革及其连续性变化进行追踪，并以内阁为对象对时下的日本政治加以解读。其中，第一章，将对英国内阁制度的产生及发展进行追踪，以捕捉多种内阁的特征为目标，对其模式进行理论性思考。第二章，对明治维新以来日本内阁制度的发展进行历史性概括，指出其问题。第三章，重新探讨围绕日本内阁制度的政治学、法律学争论，以实现国民主权和民主主义理念为目标，考察内阁应该被置于何种地位。第四章，则对20世纪90年代以后日本内阁统治的变化加以查证，思索此后对日本政治而言，内阁制度的改革有何意义。

---

　　① 指地方自治体公务员以获取更多预算及补助金等为目的，用公费接待中央官厅官僚的行为。——译者注

第一章 何为内阁制度

一 内阁制度的发展与形成——以英国为中心

（一）君主权力与议会权力的斗争

由议会中的多数派组建内阁，并以此统治行政机构，这种被称作"议会内阁制"的制度框架在民主主义国家中得到相当广泛的普及。但是，在议会与内阁、内阁与执政党、内阁中的调整及决策机制、行政机构中的内阁与官僚机构等关乎内阁制度的现实性运用方面，似乎还存在很多尚未明确的问题。19 世纪后半期，英国政治评论家沃尔特·白芝浩在其内阁论经典著作《英国宪政论》（*The English Constitution*）中指出，"关于内阁，最为奇妙之处就在于它几乎并不为人们所了解"。[①]

内阁制度虽是现代国家统治机构的重要内容，但其起源则更为久远。首先，内阁制度诞生于英国，并在长期的政治斗争中得到发展。据说其最初是中世纪时期由英国国王召集贵族创设的咨询机关。到了 17 世纪，国王召集贵族及议会中的实力派设置咨询会议，使其进一步成为实质性机构，尤其是在咨询会议中形成的由少数核心领导组成的内阁（cabinet）得到了国王的重用。这就是近代内阁的起源。在 17、18 世纪，国王与议会展开斗争，作为国王的咨询机关、执行机关，内阁与议会处于对立关系。宪法学把这种内阁

---

① ウォルター・バジョット（沃尔特·白芝浩）『イギリス憲政論』（世界の名著 60 バジョット、ラスキ、マッキーヴァー）中央公論社、1970、75 頁。

制度称为"二元型议会内阁制"。所谓的二元型，顾名思义就是指由国民选出的议会与由掌握行政权的君主任命的内阁处于抗衡的状态。

至于国王与议会对立的情况，英国小说家罗伯特·F. 戈达德（Robert Francis Goddard）曾在历史小说中有所描写。这本小说围绕 18 世纪初南海公司的破产（所谓泡沫崩溃）及徇私舞弊等社会矛盾，将议会和国王对立这一现状搬上历史舞台。以下是大臣的亲信（达尔林普尔）对抗议会调查时的情景。

> "是罗斯将军派我来的。"
>
> "是哪位？"
>
> "下议院的查尔斯·罗斯将军。他是负责调查南海公司破产原因的下议院调查委员会成员……你们有义务为我提供一切必要援助。"
>
> ……达尔林普尔仔细看了看文件。那上面有下议院的印章、罗斯的签名，还有他也熟知的该委员会委员长托马斯·布罗德里克的附属签名。
>
> ……
>
> "我与国务大臣的联系同下议院委员会无关……关于同坎佩斯（国务大臣）的交涉……我不能随意透露。如果是国王陛下的大臣，我可以回答，但对下议院，我无可奉告。"
>
> "……你，太可恶了，故意添乱，像你这样装模作样的小官，莫非是想让我们在委员会报告中加上你的名字？"[1]

这种情形的出现正意味着议会与国王所持有的权力呈二元结构，议会可以对国王的行政权进行牵制。

但是，到了 18 世纪初，发生了王朝更迭。德意志汉诺威选帝侯[2]乔治一世就任英国国王后，汉诺威王朝由此诞生。由于乔治一

---

[1] ロバート・ゴダード『今ふたたびの海』（上）、講談社、2002、162 – 166 頁。

[2] 指德国历史上拥有选举"德意志国王"权力的大诸侯。——译者注

世不了解英国的政局，所以国务实质上由内阁来处理。1721 年，沃波尔就任首相①，由国王选任的内阁对议会负责的责任内阁制就此产生。近代议会内阁制的原型也由此诞生。内阁作为实质性的统治主体，不断扩张权力。当议会成为事实上唯一的权力源泉，且内阁也由议会中的多数派所掌控的时候，一元型议会内阁制得以成立。在君主权力有所衰退的近现代民主主义条件下，除少数例外，几乎所有议会内阁制都采用一元型。②

另外，罗伯特·达尔在美国宪法论中指出，回顾美国宪法制定之时，构建了总统制的美国开国元勋们并没有理解英国议会内阁制的发展。按照他的观点，他认为美国之所以没有选择议会内阁制，是因为当时还不存在议会内阁制的模型。

在 1787 年这一时间节点，虽然没有人能够清楚地认识到，但在美国制宪会议召开之时，英国的政治体制也正在迅速地发生变化。其中最为重要的是，相对于议会，君主对首相加以控制的权限正在骤然丧失，且与之相反的思维方式正在逐渐形成。也就是说，首相必须在投票中取得议会两院的信任，如果失去信任则必须辞职。但是，英国政治体制上的重大变化，直至 1832 年也没有全部体现出来。因此，从时间上看，美国的制宪者们不可能得知这一切。③

另外，达尔还指出，在北欧、西班牙、日本等诸多民主主义国家中，作为保障国家统一的象征，君主的存在促进了议会内阁制的进化。议会选任的首相通过君主进一步赋予的正统性，其统治权由此得以强化。关于这一点，沃尔特·白芝浩虽然把君主称为"尊严性部分"（dignified part），把内阁称为"功能性部分"（differential part），以此对二者加以区分，但他本人更重视尊严性部分在维持政治体制整

---

① 当时，"首相"职衔并没有法律依据，也未得到官方的使用或认可。——译者注
② 在现存政治体制中，法兰西第五共和国采用二元型议会内阁制。在这一体制下，总统与议会平等，内阁由总统任命。
③ ロバート·A.ダール（罗伯特·达尔）著、杉田敦訳『アメリカ憲法は民主的か』岩波書店、2003、85 頁。

体稳定性方面所发挥的重要作用。达尔还主张,作为民主主义的统治机构议会内阁制优于总统制。这是因为美国总统兼具权威和权力而产生的混乱以及以选举人作为媒介的选举方法,常常导致主流民意与当选者之间出现分歧(例如 2000 年美国选举中布什的胜出)。

宪法学对议会内阁制的形成及稳定做了以下说明。在近代立宪国家诞生之时,已经存在把纯粹的三权分立制度化的统治机构,同时还有在与君主权力抗争过程中以国民主权为基础形成的统治机构。前者无疑就是美利坚合众国。美国宪法的起草者作为孟德斯鸠权力分立论的忠实信徒而将其制度化。美国是通过与专制性的英国议会制定法和侵害人权的州法律进行抗争而形成的,所以在思想上其对立法权持有强烈的不信任态度。其结果是,三权被认为在宪法下呈对等、同级关系。与此相对,由于欧洲大陆各国是通过与专制性统治者君主和从属于君主发挥权力的法院进行抗争,进而转变为近代立宪主义国家的,所以这些国家的三权并非同级,而是立法权占据了中心位置。[①]

用政治学用语解释的话,代表国民的民选势力把议会作为立足点扩张其权力,并与非民选势力的国王、官僚、法官等进行对抗,进而掌握统治权力。国民主权、权力分立、民主主义等是建立近代国家统治机构的重要原理,但它们的构成方式、孰轻孰重,在民主主义形成的历史脉络中因时而异。在美国这个从白纸一张的状态下人为设计出统治机构的国家,权力分立被按照字面意思理解,并成为制度。相对而言,在现存君主权力被步步蚕食、正在实现人民主权的欧洲,有必要对议会的重要性进行进一步确认。

19 世纪中叶,确立了由议会多数党党首担任内阁领导人的惯例。[②] 但是,古典主义内阁常常被认为是领导型政治家在自由、平等条件下议论国政的委员会,首相则是同僚中的首席 (primus inter pares)。

---

① 芦部信喜『憲法』(第三版)岩波書店、2002、262 頁。

② HMSO, *The British System of Government*, 3rd Edition (The Stationary Office, 1996).

从 19 世纪后半期开始，由于普通选举制度的确立和近代型组织政党的出现，内阁制度发生进一步变化。由在选举中得到国民支持的多数党组成内阁，执政党的实力派政治家作为阁员对内阁加以领导，以此将在选举中向国民承诺的政策付诸实践，这种政党政治形式得以稳定下来。此外，为应对大规模的选举争夺战，政党组织得以强化，党首的领导力也得到增强，这样一来，内阁首相的领导力也一并得到强化。这种代替古典主义内阁，把首相作为执行机关的最高领导的内阁已经固定在 20 世纪的民主政治中。

（二）行政国家中的内阁——官僚制的发展与内阁

20 世纪，政府职能的扩大，即所谓"行政国家"的建立促使内阁发生变化。所谓"行政国家"是指一国行政机构的作用扩大，其统治权力大于议会，特别是官僚制在其中发挥巨大作用的现象。缔造行政国家的主要因素是伴随着资本主义经济高度发展及城市化而出现的社会资本调整、阶级对立缓和、公共卫生及教育等政府职能的急速扩大。行政国家产生的直接契机则是 20 世纪的两次世界大战，即所谓总体战经验和苏联社会主义体制的建立。这样一种情况出现了：政府介入经济、社会并对其加以统管是实现经济稳定、战争胜利不可或缺的条件。行政机构在上述那样的社会经济动员中必须担负起指挥的职责。

因此，像古典主义内阁那样，由外行出身的大臣通过协商进行相关政策草拟的做法已然无法获得成功。由于近代内阁建立在自由放任主义的夜警国家①之中，所以当时并不存对强大的官僚制度进行政治统率的课题。但是，现代内阁正面临在制度形成之初并未预料到的难题，即必须在官僚机构存在冗员状况的前提下，使其成为驱动行政国家运转的大脑。在这个意义上，内阁在 20 世纪发生变化也是理所应当的。在英国，即使存在着保守党对古典主义内阁念

---

①　古典自由主义所倡导的政府原则，认为国家职能应仅限于国防、治安等最小范围之内。——译者注

念不忘的历史情结，但劳动党对现实主义集权内阁有所偏爱，这样的反差使战时总动员体制中加以建构的组织结构在战后被继承下来。①

回顾内阁制度在英国的发展历程，可以发现内阁的构造在适应时代的同时也在不断进化。由于英国当时并没有成文宪法，所以这种情况的确特别容易发生。与此同时，可以从中汲取这样的经验，那就是内阁为了适应不同时代的课题，有必要不断积累新的惯例。需要顺便予以说明的是，在英国，总选举过后由国王任命第一大党党首担任首相也成为一种惯例。换而言之，内阁在实际法律制度及理论教条日趋稳定的过程中也存在局限性，即"法规"（constitution）是在法律制度的基础上由运用的各种惯例或传统积累形成的产物。在观察内阁制度的时候，这种法律制度与惯例之间的联系尤为重要。

（三）沃尔特·白芝浩的定式化论说——立法权与行政权的融合

这里首先想以白芝浩的议论为出发点，对作为统治机构的议会内阁制具有怎样的特征这一问题进行探讨。在近代国家，随着立宪主义的确立，权力分立作为具体的制度原理得以实现。所以，议会、内阁、法院各自拥有不同的权力，这一点并不难理解。但在实际治理国家之时，将不同的功能加以统一是必不可少的。尤其是负责制定法律、预算的议会与负责具体执行的行政机构有必要构筑起密切的合作关系。在现实中，议会不可能凭一己之力制定法律及预算，议会与行政机构间的相互渗透不可避免。在这里，政府功能越是扩大就越为重要。至于在立法和行政这两种功能如何予以分担，又如何使其相互合作的问题上，在近代民主政治的历史中，产生了议会内阁制和总统制两种制度。以下，通过同总统制进行对比，对议会内阁制的特征进行考察。

---

① Martin Burch and Ian Holiday, *The British Cabinet System* (Prentice Hall, 1996).

在比较、讨论这两种制度时，以立法与行政的分离—融合为基准可以明确把握两种制度的不同点。总统制毫无疑问是最为忠实地将权力分立原理制度化的产物，在这种制度中，行政机构和议会被分为截然不同的部分。在议会与总统之间，对职能分工及相互制约机制做出了明确规定：议员不能在内阁以外的行政机构担任公职；另外，总统不能直接向议会提交预算、法案。这样一来，不仅是议会，由于作为行政机构最高长官的总统是国民直接选举产生的，所以民主主义原理可以直接在行政机构中有所反映。

与此相对，正像白芝浩在《英国宪政论》[①] 中指出的那样，议会内阁制最大的特征就是权力融合。也就是说，在这种制度下，由议会多数派组建行政机构的最高领导机关。通常，多数党党首成为首相，且多数的执政党议员以阁员身份在行政机构居领导地位，由这些政治家组成的内阁成为行政机构的决策机关。所以，多数党在控制议会的同时也对行政机构加以控制。可以说，以政权执政党为中枢，立法与行政两种权力得以融合。如果多数党根基稳固，那么内阁就可以在议会上以通过法律、预算的形式实现自身意志，同时还拥有保证其得到落实的强大权力。所以，简单地把权力分立原理运用于议会内阁制是错误的。

统治机构影响政党的固有形态，而不容忽视的是，政党的固有形态也给内阁制度的运用带来巨大影响。在内阁对议会负责的责任内阁制诞生之初，政党只是由大佬组成的缺乏凝聚力的组织。但是，往往由议会多数派组成内阁的议会内阁制逐步确立，为了获得权力，并维持稳定性，政党不得不增强凝聚力。不过，在美国那样施行总统制的国家，议会各政党不仅缺乏凝聚力，不受党内决议约束，而且也没有党纲及系统性政策。再者，即便是同一党派，在政策方面也存在极大的地域差别。美国政党可以说是为选出总统而存在的选举机器。与之相对，议会内阁制度下的政党受到党内决议约束，并且有严格的政党纪律，之所以如此，是因为要想获得并维持

---

① ウォルター・バジョット（沃尔特・白芝浩）『イギリス憲政論』、76 頁。

权力就必须如此。反过来说，如果议会中的政党缺乏凝聚力，政府提出的法案及预算遭到执政党的反对并被否决的话，其就不可能进行稳定的统治。

受到引入普遍选举制的影响，选民数量急剧增加，这进一步加速了政党组织凝聚力的增强。为了得到大量选民的支持，有必要将募集资金、宣传、制定政策、挖掘候选人等多项工作进行有机结合，以在选举中获胜为目标，政党组织必须增强其凝聚力。这样一来，在20世纪，凡是采用议会内阁制的民主主义国家，其政党组织不分左右，一律得到进一步强化。

近代型集权化政党成立后，内阁的运用也受到影响。拥有体系性政策和组织的政党管理国政，内阁成为实现其政策的权力装置。内阁已不是对等政治家进行集中讨论和集体指导的机构，而是成为由首相担任最高领导的等级制机构。不过，阁员在首相的强有力领导下执行政务，内阁会议也在某种程度上被架空，如此一来，为应对政党组织的变化，内阁本身亦越发集权化。这种对政党内阁的运用方式，不仅出现在英国，许多采用议会内阁制的民主主义国家也出现了共同的现象。所以，在议会内阁制度下，保持稳定多数的执政党掌握了极大的权力。在日本，虽然常常将美国模式中的总统当作掌权者的代名词，但实际上，议会内阁制度下的首相在没有议会抵抗这一层面上才是真正拥有超强权力的人。

（四）政治与行政的结合、分离

虽说同是议会内阁制，日本与英国在惯例、运用方面却有很大区别。另外，即便是总统制的二元代表制，美国和日本在地方自治体的知事、市长制度方面也存在较大差异。为理解上述差异，将其放在行政机构中政治和行政的分离、结合这一标准下较为有效。

首先，有必要对政治与行政这两个词进行最为基本的定义。关于立法和行政，由于存在作为其实体的议会、内阁、官僚机构，所以很容易理解。若进行类比的话，可以定义为，政治是由国民民主选出的政治家所进行的活动，而行政是依据专业能力被任用的官僚组织所从事的活动。在对议会内阁制的运用加以分析的基础上，加上这一实体性的定义，对于理解政治和行政活动的特色而言，有利于对其进行功能性地说明。

关于这一点，在对美国官僚制的比较研究中，罗伯特·帕特南等人整理出三方面的对比。[①] 第一，决定—实施的对比。这里所设想的是一种政治决定政策、行政负责落实政策的分担关系。第二，价值（利益）—事实的对比。政治呈现政策应达成的价值和利益，行政为了实现这样的目标而运用专业知识制定现实性政策，二者呈分担关系。第三，能量—均衡的对比。政治与行政分担了这样的任务，即政治为了应对社会变化，提供了一种促使现有政策发生变化的能量，而行政为了保持社会安定，负责确保政策的延续性。政治与行政之间的现实关系无法用单一模式予以充分说明，需要用多种模式重叠组合后才能构成现实情况。若将这些模式加以组合，可以把政治与行政所分担的任务归纳为以下内容。

政治家的最大任务是把国民的需求反映到政策里。所以，这就要求政治家具有察觉国民需求的能力以及对变化进行敏感反应的洞察力。从这种意义上讲，提供政策应达成的价值观目标是政治的重要作用。另外，政治也可以被规定为围绕权力的竞争。在竞争中，国民诉求的新政策时常会被提供，这也是发生政策革新的动力。而对于政治领导人来说，要求其完成的最大任务就是在危机、例外状况发生之时，能够不拘泥于日常规则及先例的束缚进行果断处理。从这一点也可以看出，在政治运行中应对变化是何等重要。政治的确肩负着为统治提供能量的任务。以国民的诉求及支持为后盾，把变化反映到政策体系中是政治的任务。

与此相对，官僚机构把可预测性作为最大的行动原理。即按照一定的规则，模式化地处理事务是官僚活动的核心。在政府机关窗口处理发放证明和养老金等事务就是官僚式行政的典型案例。当

---

① Robert Putnam, Joel Aberbach and Bert Rockman, *Bureaucrats and Politicians in Western Democracies* (Harvard University Press, 1981), Chapter 1.

然，在现实的政策过程中，官僚机构不仅是被动执行，也会无可避免地积极参与到政策制定之中。但在这种情况下，官僚并不是从白纸一张的状态开始进行全新的政策制定，而是以现存的政策体系为前提，通过进行部分修正的方式谋求应对。这形成了特定的官僚行为方式。官僚制定政策无法忽视社会经济现实，比起理念及愿望，其更重视现实可行性。另外，应重视与现行政策的衔接，尽量在现行制度的框架体系内，吸收外部环境变化造成的冲击。从这种意义上讲，官僚机构的行动以继承性为特征。

像这样对比鲜明的政治和行政，如何将二者进行组合，成为统治机构在制度设计层面上的重要岔口。议会内阁制、总统制反映出政治的代表性及行政的专业性，成为形成制度特征的关键所在。

作为一个方向，一种路线重视把民意直接反映到政策制定中的价值。以这种构思为基础，有必要在行政机构中为获得选举胜利的领导配置与其拥有共同价值观和政策认知的人员，以便形成可以顺利发挥其领导能力的结构。

在美国总统制下，除阁员外，还存在很多政治任命职位，这些职位由与总统亲近的专家、学者、前议员（如果成为阁员的话必须辞去议员之职）来填补。由于总统可以自由任命行政机构的重要职位，政治性要素得以渗透进行政机构，在一定的任期内，创建能够推进总统政策的体制是这种结构的目标。由于美国不同于英国及日本，并不存在强大的常设官僚组织，所以一定级别以上的行政机构的职位全部通过政治任命从外部填补。向行政机构直接灌输民意是美国的理念。

在英国的议会内阁制中，阁员、政务次官等领导性职位大多由执政党议员充当。在英国，除了构成内阁会议的大臣之外，还存在内阁外大臣、政务次官（junior minister）、政务秘书官（parliamentary private secretary）等各种政治任命职位，一届内阁中，在行政机构中担任职务的国会议员有 130 ~ 140 名。如图 1-1 所示，政治任命的数量随时代变化而增加。

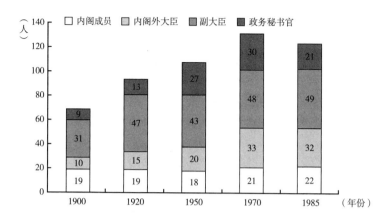

图 1 - 1 英国行政机构中政治任命数量的变化

资料来源：John Kingdom, *Government and Politics in Britain*, Polity, 1991, p. 317。

英国的执政党由于通常在下议院拥有 350～400 个议席，所以执政党 1/3 以上的议员会在行政机构中担任职务。此外，执政党议员团长① （leader of the commons，在日本相当于干事长）是阁员之一，也是内阁会议的构成者。再者，总务会长② （chief whip）也可以频繁出席内阁会议，参与政权运行。在英国，以高效的官僚组织为前提，政治因素与官僚机构自上层开始结合，从而政策制定及政权运行得以进行。与美国不同，英国的制度允许议员在行政机构中兼任职务。不过，在向行政机构渗透政治因素这一点上，二者是相同的。

与之相对，也有一种观点认为，对行政机构进行的政治因素渗透应停留在大臣等最高级别。日本根据这一观点，中央、地方将政治因素在行政机构中的渗透限定在狭小的范围之内。在中央政府，由政治任命填补的职位只有大臣及各省厅的一到两名政务次官的情况在 20 世纪后半叶持续了很长时间。此外，地方政府中政治任命

① 即下院议长。——译者注
② 即英国政党中负责督促本党议员执行党纪等的组织秘书。——译者注

的范围仅限于副知事（助手）、出纳长（财务负责人）这样的特殊职务，而且其中大部分都是从中央省厅调任，或是从内部晋升的职业行政官员。真正意义上的政治任命极为罕见。

如把权力的融合与分立、政治和行政的结合与分离作为坐标线进行组合的话，可以得出图1-2那样的分类结果。

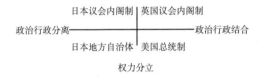

图1-2 统治机构的类型

关于日本政治与行政分离的实态，后文将详细探讨。这里首先就政治与行政关系背后的理念差异进行考察。行政权力的构成与历史性、理念性的背景密切相关。按照社会契约论的模式，如果站在国家权力是通过国民协商构成的这种建构主义的理念视角上，行政权力应该由国民来掌控。所以，国民的代表、由国民选出的领导人位于行政机构的上层部门，对行政进行指挥监督自然是必要的。美国的统治机构，可以理解为被人为设计出来的民主体制。就美国而言，在立法与行政从制度层面明确加以区分的基础上，行政机构的领导阶层被总统进行的政治任命所大量占据，并以此来追求行政机构的民主化。

英国在民主制发展以前就存在中央集权式的国家权力。但是，从17世纪到19世纪，民选势力抬头，开始对国王所拥有的统治权力进行侵蚀、篡夺。在这段过渡时期，国王与议会势力对立，还引发了内战。其结果是，议会主权理念得以确立，议会势力掌握行政权力，并确立了一套稳定运行的统治机构。英国是通过执政党将立法与行政两种权力进行融合，并在此基础上明确了行政机构中政治对行政的指挥与统率。在政治主导的基调下，政治得以同行政相结合。

　　下面就政治与行政结合这种说法进行补充说明。所谓政治与行政的结合，是指政治领导人进入行政机构，在其领导下，政治家（政治任命）与官僚有机结合。在允许政治因素进入行政机构的基础上，官僚该如何应对，关于这个问题，有官僚机构中立化、官僚机构政治化两种可能。所谓官僚机构的中立化，正如在作为典型的英国所看到的那样，官僚机构要服从于任何政治领导人，是一种被动的、消极的存在。以向行政机构渗透政治因素为前提，英国的相关机制在官僚结构和政党、政治家之间划定了明确的界限。而在德、法等国家，官僚机构在政治化的道路上不断前进。也就是说，在职官僚有着明确的党派属性，随着执政党的更替，被任用的官僚也发生更替，在这种形式下，官僚制得以发挥其效用。尤其是在法国，高级官僚没有执政党和在野党之分，都是政治家的主要后备资源。

　　近代国家制度形成后，民主主义在日本的影响逐渐扩大。第二次世界大战战败后，以美国为中心的占领军推进了日本的民主化进程，日本在新宪法体制下确立了一般选举、市民自由等近代民主政治原则。不过，原有的行政机构、官僚机构得以继续保留。针对行政权力和民主政治也没有发生明确的理论性转换。国家权力的先验性是日本国家法律体制的前提。在这里，权力分立原理与民主主义并无关联，它被理解为对国家权力进行的职责分担。在国家权力中，议会承担立法功能，法院承担司法功能。除以上两种功能，剩下的行政功能则由官僚机构承担。这种理解通常被称为"排除论"，在战后民主主义宪法体制下这种理解依然得到继承。在这种结构中，掌握、行使行政权力的是被称为"职业性行政官"的群体。按照排除论的理解，三权之间不存在上下级关系。尤其是在战前的天皇主权国家体制下，官僚曾作为天皇的官吏拥有极大威信。战后，官僚虽然失去了这种威信，但其作为行政权的承担者依然将在行政权力实行过程中不允许其他势力介入的体制继承下来。政治与行政的分离，可以视为行政机构自立的表现。

被置于官僚制顶点的领导人必须在性质上有别于官僚。在君主制时代，君主作为这样的领导人掌握政权，官僚被置于君主家臣的地位。在民主主义体制下，本应由国民选出的政治家成为领导人。就日本而言，虽然在制度层面将国会任命的总理大臣置于行政顶点，由其执掌政权，但缺乏从上层开始向行政机构进行政治意志灌输，从而对官僚进行政治性指挥、统率的想法。正如下文所述，日本存在政治家进入内阁之后成为政治色彩淡薄的行政领导人这样一种惯例，如果套用前文所述的政治与行政的功能性对比，那么比起应对变化、依据新价值观重新制定政策，日本统治机构在运行过程中更重视持续性和稳定性。

二 民主主义与议会内阁制

（一）统治机构与政官关系的衔接

如前所述，在考虑民主主义体制下议会内阁制的应有形态时，如何使政治家与官僚间的关系（政官关系）实现制度化是一个非常重要的问题。与这一问题紧密相关的是，如何在代表性与有效性、高效性这两种不同的原则之间建立联系。政治家由国民直接选出，在这一点上，其拥有正统性。官僚的正统性源于其在政策制定、政策实施方面的专业能力。这两种原理生来和谐，不应该产生对立。

在此，通过对政官关系的应有模式加以整理，政治家与官僚之间所应具备的关系可以分成统管、协作、分离三部分。①

所谓统管，是指政治家对官僚进行指挥、统率的准则。如果对国民主权原则进行详细说明，那么由国民直接选出的政治家运用官僚制，实现与国民达成的政策约定，这本身就是民主政治的具体状态。政治家对官僚做出指示，官僚服从政治家，这种关系是民主政

---

① 西尾勝「行政の概念」『行政学の基礎概念』東京大学出版会、1990、24 頁。

治所不可或缺的。在民主政治中，代表性具有优越于有效性、高效性的价值。

协作是指为了实现一定的政策目标，政治家与官僚发挥各自特征，进行共同合作的准则。尤其是为了使官僚能够发挥其本身的专业性能力进行合理的政策制定，也有必要赋予其一定的裁度权，使其能够迅速且富有自律性地进行决策。

分离则是指将行政机构所进行的种种利益分配工作尽可能地同党派性压力分割开来的原理。预算的分配、公共事业及政府采购的订货、审批的运用等对相关人员的利益有着很大影响，对政治家而言存在将其作为换取更多支持的道具加以利用的诱惑，因此，这常常成为渎职、腐败的原因。此外，如果这些资源分配及利害调整受政治压力的影响产生扭曲，最终会导致成本提高、效率降低等后果。为此，有必要尽量将党派性从行政机构的利益分配、利害调整过程中排除，依照公正的原则进行相关活动。分离原理就是在政治和行政之间拉开这种意义上的距离。

这三个原理并不能自动保持协调。若重视统管，政党政治就可能介入行政的利益分配之中，损害分离准则。若重视协作，最大限度地追求官僚合理性活动的简单易行，那么在目标设定及方向性方面，政治的主动权会空洞化，有可能引起对统管准则的破坏。如何使三个原理之间实现和谐与如何将政官关系制度化这一课题密切相关。

议会内阁制不同于美国总统制，常设的强有力官僚的存在成为其前提，且因为执政党政治家的活动横跨立法机构和行政机构，所以政官关系发生在不同情况中，其内情也有所不同。

政治家位于行政组织的最上层，拥有制度上的最终决定权，但这是否意味着政治家能够对官僚进行实质性的指挥、统率，这是关于议会内阁制常常被问到的问题。即便在身为制度母国的英国，随着行政国家的建立，如果政策形成过程中官僚制的作用逐渐扩大，那么在现实中，就有必要设法使大臣与官僚组织之间形成统率—服从的关系。况且，在近代政党政治成立前已然存在强有力的官僚制，在其对统治拥有强大影响力的国家，确保政治家的实质性优势地位成为特别重大的问题。

为使政治能够对行政进行统率及监督，政治和行政间如何衔接变得重要起来。

第一种情况是，会集了执政党领导型政治家的内阁与官僚机构的关系。尤其是当发生政权更迭，新政权提出与以往不同的政策时，在内阁与官僚机构或者阁员与各省厅之间就会发生政官接触。也就是说，内阁及在各省金字塔式组织中处于上层的政治性团体如何同在这一组织中处于中下层的官僚组织进行接触成为问题。此时，统管的准则在现实中是否得到遵从也成为问题。决策中政党力量的发挥及政党存在的意义在这种情况下得以体现。

第二种情况是，围绕政策的立案、实施，执政党政治家和官僚之间进行正式或非正式协调的过程。由于担任阁员的政治家在执政党中也只是少数，所以多数的执政党议员往往作为立法机构成员或作为辅佐最高领导人这一级别的领导来面对官僚。由内阁会议对行政机构进行的统率、由单独责任制大臣对各省官僚进行的指挥监督，全都容易陷入形式主义。官僚每天操作的政策数量十分庞大，一位大臣及作为大臣协商组织的内阁不可能对其进行实质性统管。因此，为了加大政治领导力度，在实际的政策形成过程中，执政党政治家有必要与开展实质性工作的官僚进行接触，向官僚传达政治意志，监督官僚的相关工作。作为这种接触的具体体现，存在两种方式：一种方式是在内阁及各省设置相当于大臣的官职，执政党将实力派政治家配置于此，通过行政机构内部正式的指挥命令关系进行这样的统管和调整；另一种方式是执政党议员与各省厅官僚进行非正式接触，从而进行调整及协商。

为使预算及法案得以成立，在议会取得执政党议员的赞同是必不可少的。行政机构在制定这些草案的过程中就开始同执政党政治家进行修订，这是顺利实行统治所必需的。向议会提交法案或预算后再进行修订从某种意义上讲并不高效，为使政策得以顺利推进，在向议会进行提案之前就取得执政党的赞成是较为高效的做法。所以，即便对于在政策草拟过程中进行实质性操作的官僚而言，将执政党的意图反映在政策之中，对于高效的政策制定而言也是有必要的。在此，协作准则具体的理想状态被问及。另外，执政党政治家对政权中的有利可图之处加以利用，对行政机构管辖范围内的种种资源使用进行干涉，这也会引发对政权的党派性的利用。这个时候，分离准则的理想状态成为被追问的对象。

第三种情况是，议会与官僚的关系。在议会内阁制下，只有议会是直接代表国民的机关，因此其具有强大的正统性。但是，由于执政党一方可以通过内阁对政策草拟及官僚进行统管，所以，提出政策及监督官僚的活动等往往都是在在野党的主动要求下进行的，而且，从在野党的立场出发，这些几乎都是对官僚进行批判的活动。换而言之，第三种情况可以说是在野党与官僚的关系。这种形势在国民代表从批判的角度出发对官僚进行监督的层面上，对议会与官僚之间的统管关系提出了质疑。

在议会内阁制中，政党间的良性竞争及政权更迭具有极其重要意义。所以，不仅在选举之时，平时也有必要在国民面前进行执政党与在野党之间的政策论战。在野党批判执政党，并试图提出替代方案，在这种情况下，仅凭抽象的标语是苍白无力的，有必要对具体内容进行某种程度的提炼。为此，在野党一方有必要掌握官僚活动的实际情况，获取成为官僚制定政策基础的各种情报。所以，在野党政治家不得不与官僚形成两面性的关系：一方面，其需要同官僚形成依存关系；另一方面，又要对官僚进行批判。要想具体构建起上述衔接，有几种方法可供选择。积极引导官僚进入议会，发挥议会的调查功能，深化政策讨论及问题追究。从在执政党与野党之间上演政党同伴对立的视角出发，在野党与其排除官僚，倒不如追究身为官僚统率者的内阁干部。

这样一来，在议会内阁制中，政官关系呈现不同的形态。就多样的政官关系，建立了怎样的制度、内阁运作过程中又是否逐渐形成惯例，内阁制度的个性由此形成。

（二） 内阁的作用——政策的统合

作为政治领导力的中枢，内阁在政策形成过程中究竟承担着怎样的任务，在这里，笔者将利用之前尝试建立的政策类型模式，就内阁的预期作用、其实际发挥的作用进行考察。

笔者为了观察与政策形成有关的官僚、政治家等行为主体的行动风格，同与之相关的政策类型间的对应关系，尝试对政策进行分类。这种图式是在统治中以"制度化—情境化"和"统一——分散"两个坐标轴对政策进行分类。

所谓制度化是指把政策编入稳定体系中，使其得以长期延续的行动原则。政府为了实行稳妥的统治，对个别问题的应对并不是即兴的，而是以某种程度的长期展望为基础，为每个问题的解决构建不可或缺的行为准则及框架。例如，为了社会保障政策的持续，必须准确把握人口动态，并对保持负担与支付平衡的构造加以构想。这种构思工作就是制度化。另外，运用不变的基准应对问题，以此确保对统治进行相关预测及计算的可能性，这是实现制度化的重要因素。

对抗制度化动量的这种矢量被称为"情境化"，它并不一味追求制度体系的稳定、均衡，而是一种要求在某些意义上出现变化的操作。作为情境化的具体表现，存在两个方面：一个是在制度所依存的价值观及理念层面提出异议、予以批判；另一个则是在制度不断僵化而逐渐成为清规戒律这一点上，对制度与现实间距离不断拉大的现象加以批判、攻击。在价值观及理念层面上进行批判的工作，采取围绕制度及政策方向性展开竞争、对抗的方式。通常所说的在政党、政治家间进行的政策争论，几乎都是在这一理念层面进行的竞争和对抗。这种政治方式被称为"舆论政治"。由抽象语言制造情境，这就是舆论政治。

以现实为基础，对制度僵化、变化不符合实际的批判也在现实政治中频繁出现。从"大冈政谈"① 开始，人们期待政治所能发挥

---

① 以日本江户时代中期官吏大冈忠相公正审理案件为题材的政治故事。——译者注

的重要作用之一就是打破制度的僵化局面，使其具有真正的稳妥性甚至感情净化作用。在这个意义上，从事实维度对制度化的动量加以挑战也是政治的任务。这种政治方式若能得以贯彻，将成为法理政治及沟板政治①。在此，可以依据所传达的社会现实及人类欲求制造情境。

接下来，将对另一个坐标——统一与分散进行说明。所谓统一，是指确保农业政策、教育政策等构成政策体系的子体系间的一致性，使其在一定的资源框架中能够没有矛盾地集合起来。在这里，统一具有两种作用，一种是在预算及人力资源等受到限制的情况下谋求对各部门进行调整（例如预算编制、编制管理）；另一种则是从政策草拟、实施的规则层面出发，以通用准则为基础实现调整（内阁法制局法令审查、行政程序及行政组织的规则化）。如果政策子体系中的各个部门都进行自我增长式的扩张，那么由于资源有限，统治只能面临失败。所以，超越仅仅计算子系统总和的操作，从整体观点出发对子体系加以统一的工作不可或缺。

与其相对，分散并不重视整体的一致性，而是一种以解决特定领域的具体问题及充分满足当事人欲求为意向的动量。在现实政策过程中，拥有具体主顾集团的行政机构和被这些主顾集团支持而选举出来的政治家，朝着分散的方向行动。

如果对这两个承担动量角色的立场结构②加以对比的话，推进统合的一方持构成性观点，使各个部分之间相互关联，对整体构图更为重视。推动分散进程的一方持罗列性观点。他们所关心的仅仅是个别问题，对解决这些问题更为关注。打个比方，如果将分散比作围棋解决局部死活问题的工作，那么统一则是进行开局布子和中盘谋划的工作。

根据不同的基准，可以对政策进行分类。③将制度化动量最大

---

①　即像阴沟盖一样遍布大街小巷，紧跟地方选民呼声的政治。——译者注
②　冈义达『政治』岩波书店、1971、第六章「视座构造の类型」。
③　详见山口二郎『大藏官僚支配の终焉』岩波书店、1987、第一章第二节。

限度予以发挥的政策称作"基本设计性政策"。像经济计划、国土计划那样，对整个政策系统的总体性构图加以规定。这样一来，政策体系的目标得以固定，为实现这一目标而采用的政策手段也被予以提示。政策对象复杂多样，政策越是细化，就越感到保持各政策的统一性既困难又重要。而基本设计性政策则是从长期的视角考虑，为保持政策体系的整体性、统合性而设计的政策。

在理念层面将这种固定的框架进行情境化的政策被称为"概念提示性政策"。这是一种通过在议会中进行施政方针演讲，在选举中发布宣言书等方式，展现政策系统整体方向性观念。概念提示性政策是在选举及国会论战等激烈的政治竞争中诞生的。它并不是对政治现状的肯定，而是在某种意义上有意带来变化象征。在否定既存政策体系的稳定性、持续性这个意义上，概念提示性政策可以带来情境化的发生。

另外，在现实层面中得以情境化的政策被称为"实施设计性政策"。这种政策拥有明确的主顾集团，政府为其提供财政、服务，并在行动规则等方面予以推动，这是一种对主顾集团进行控制的具体政策。此外，为此提供的预算、人员、权限等资源，政策也对其加以支持。这种层次的政策以解决社会具体问题为意向，把满足主顾集团的欲求作为目的。在这种政策的形成、实施过程中，包括管辖政策的官僚在内，主顾集团本身及作为其代理人的政治家都必然参与其中。

追求统一动量的政策包括两个部分，即指示实体性资源分配整体情况的部分，对政府的理想状态及政治、行政手续进行规定的构造性（constitutional）政策部分。前者是指预算、经济计划、国土计划等政策，被称为"综合功能性政策"。后者是指宪法及其附属的政治、行政、地方自治制度等，被称为"构造性政策"。可以说，与综合调整功能相关的政策是统一性部分，与其相对，以经济活动特定领域、社会管理特定领域为对象的是个别功能性政策。

将两种坐标进行组合，以此为依据，就可能得出表 1-1 那样的政策分类。

表 1－1　政策的各种类型

项目	构造	综合功能	个别功能
概念提示	修宪 地方时代 小政府	收入倍增 社会开发 列岛改造	一代人一套房 农业近代化
基本设计	行政改革 地方制度改革	经济计划 财政计划 国土计划	住宅建设五年计划 农业基本法
实施设计	信息公开 编制管理 选举制度	预算 税制 财政投资融资	个别具体政策

这样的政策类型不仅反映内阁、政治家、各省官僚等行为主体的行动，而且可以看出各自的行动特征。适应每个类型的政策，有行为主体负责其草拟及维持管理，每个行为主体都将与统治相关的争论焦点定义为自身领域的争论焦点，并找出各自擅长的处理方法。例如，关于削减财政赤字问题，财政当局从减轻财政负担的立场加以定义，福利、教育等各领域负责实际性政策的官僚及其背后的政治家，则将其定义为维持自身政策的机会。

对制度而言，从价值、理念层面出发进行挑战的对抗关系是概念提示性政策形成主体与基本设计性政策形成主体的对抗。就某个争论焦点，概念提示性政策的提出热烈进行，如果促进了对制度的重新研讨，那么政治对行政的主导性就得到发挥。反之，将维持官僚的制度当作磐石，用来阻止在概念提示层面就某一点展开争论，在这种情况下政治将日趋贫乏。在前文介绍的帕特南等人所进行的整理中，所谓权力对均衡的形象指的就是这种对抗关系。

从事实层面对制度加以批判的工作，可以视作基本设计性政策形成与实施设计性政策形成之间的对抗。在帕特南等人的图式中，指的是利益对事实这一对抗性坐标。

统一与分散的对抗，作为综合功能性政策相关的行为主体与个别功能性政策相关行为主体间的对抗得以体现。在这里成为问题的是，就与综合功能性政策相关的事物而言，政治性诱因几乎没有发挥作用。在个别领域的政策运行中，向有关人员施以恩惠对政治家而言经常成为其强有力的动机。但是，从综合功能性政策的角度出发，推动个别领域政策的缩小、废除等，对政治家而言容易成为其失去支持的原因，动机原理没有发挥作用。对于涉及部分（或党派性）利益的政治，与追求整体平衡的行政进行对抗，其实是负责综合功能性政策的官僚与负责个别领域政策的官僚及政治家联盟围绕有关政策争论焦点所设置的问题而展开的对抗。但是，若仅拘泥于依靠官僚在综合功能性政策的层次设置问题，而没有同样对此表示顾虑的政党方领导人的参与，那么就会出现政治性领导能力的危机。

如何对内阁在其中本应发挥的作用进行说明。首先，在情境化、制度化的坐标进行思考。正如从池田勇人政权的"收入倍增"、田中角荣政权的"日本列岛改造"等事例所体现出的那样，内阁诞生之际总会推出新的概念提示性政策。新的政治主体拥有权力时无法摆脱依靠现状站稳脚跟的政治宿命。所以，内阁是概念提示性政策最有力的提倡者。由于时常提出新的理念，所以内阁可以承担起在逐渐陈腐的制度中推行改革的重要任务。另外，将概念具体化、对构建制度的工作加以监管也是内阁的重要任务。基本设计层面的重要政策往往在内阁直属咨询机构进行审议，并最终形成。在这种工作中，内阁的领导力也能得到发挥。

接下来，在统一与分散的坐标进行思考。如前所述，在内阁的统一作用方面，政治性诱因很难发挥效果。正因如此，作为政治性领导力集合体的内阁需要超越个别利害，在综合功能性政策的形成过程中发挥政治性主导作用。在这一点上，内阁不是各省大臣的协商组织，而有必要成为总揽国政、对整体政策设计进行构想的国务大臣的协商组织。

（三）　权力的集中与控制

至此，已经通过从政治性思想如何在政府中得到贯彻这一兴趣点出发，对政官关系及内阁的行动模式进行了探讨。如果政官关系的衔接得到完善，政治思想能够切实地传达给官僚的话，那么议会内阁制将成为一种在政治思想实现方面比总统制更为顺畅的制度。这一点正如在对权力融合相关问题加以说明时所述。执政党发挥其强大的力量，不折不扣地兑现同国民约定的政策才能体现议会内阁制中所蕴含着的民主主义理念。但是，将议会内阁制同民主主义进行关联性思考的时候，在考虑到正是权力的集中才使得其行使起来更为容易的同时，与之并行的防止权力失控同样也是一个很重要的课题，而且议会内阁制在权力控制方面存在很大缺陷。

关于这一点，可结合对伯纳德·克里克的英国议会论[1]的介绍加以考察。克里克接受了白芝浩有关权力融合的议论，进而指出，经过政党组织的强化，权力的融合可进一步加速。他说英国是自由主义诸国中在权力、权威集中方面最为先进的国家。内阁以得到议会的信任为基础，因为存在由议会多数党党首担任首相的规律，所以内阁不受其他政治主体的约束。关于议会主权这一英国传统理念，克里克认为，这意味着制定法律的议会除自身外不受任何约束。在政党组织性及纪律性不断取得发展的今天，所谓议会，具体来说就意味着多数党。所以，多数党握有极其强大的权力。克里克把英国的政府称为"公开暴露在舆论下的专制"。只要奉行民主主义，就会有在野党，但在多数决定原理面前，在野党缺乏权力。

克里克的议论虽以英国政治为对象，但拥有成文宪法、议会有立法和国政调查权的其他议会内阁制国家，也几乎符合这一议论。因为议会虽然拥有立法、国政调查权，但议会中多数人不会积极行使这些权力。执政党没必要为议会独自进行的政策草拟等而奋斗，

---

① Bernard Crick, *Reform of Parliament*, 2nd Edition (Weidenfeld and Nicolson, 1968).

相反，可以在驱使官僚的同时，以政府提出法案的形式进行政策草拟。热衷于议员立法的是不能驱使官僚的在野党，因为只要在野党占少数，无论制定出怎样完美的法案都不可能通过、成立。对于官僚不准备插手的议题，只有执政党与在野党意见一致的情况下，才可实现议员立法。在国政调查权方面也是同样道理。最初，国政调查权只为在政府失败或犯罪，需要对其进行追究、讯问时方可显示出其必要性。所以，执政党对启动调查权往往持消极的态度。积极地进行调查活动、揭露政府及官僚的恶行对于执政党而言是自杀行为。若执政党态度消极，议会决策无法通过的话，国政调查权仅仅是画饼充饥。如果在尚未成熟的议会对强大的立法权、调查权予以认可话，反而会因这些权力无法被具体运用招来诸多不满。对由政府及执政党形成的结合体加以控制，议会内阁制并不具备这样的结构。

放宽党内决议的约束力，使议员持有自己的见解并同内阁保持紧张关系的主张作为理念得以存在。但是，有必要对实现这些主张的现实性条件加以考虑。第一种方法是运用两院制。第二院依据与下议院不同的选举原理构成，在未被赋予对统治予以否决的范围内，赋予其强大的调查权及法案草拟权，这种对内阁形成牵制的结构，在议会内阁制中也可能形成。否决权与牵制机能的界限是微妙的，如果调查权过于强大，成为威胁政权的对抗权力，那么内阁为保持权力的稳定势必会让第二院政党化，并在其中形成支持自己的多数派。

另一种方法是，摆脱议会决策的干扰，将某种调查权直接赋予少数派。赋予一定数量的议员及个别议员要求政府出示持有资料、传讯证人的权限，使调查权的实质化成为可能。

在欠缺权力控制功能的议会内阁制中，最终起刹车作用的是选举中民意的体现。完成权力融合的内阁如果在总选举中失败，也会发生崩溃。对于权力失控及多数专制，国民只能通过选举加以阻止。缺少政权更迭的议会内阁制从这个意义上讲是一种危险的政体。

如这样看待议会内阁制中的权力控制，那么关于议会的作用，就有必要将其置于同总统制立法机构不同的地位之上。美国总统制中的议会作为立法机关，主体性地开展政策草拟及广泛的调查活动。正如前文所说，议会内阁制中的议会的最大任务就是使政府提出的草案及预算得以通过、成立。所以，议会具有为执政党、在野党提供平台的特性，在这个平台，两党可以展开政治对决，也可以不时就政策课题的相关选项展开议论。不过，促使国民能够在下次选举中做出有意义的选择，同时提供关于政府实际成绩及执政、在野两党政策的信息，这才是议会最为重要的作用。

在对立法过程的研究中，议会被分为变换型和竞技场型两种。变换型是指像美国那样将议会作为立法主体。美国议会议员的自立性强，调查研究人员也较为充足。立法在形式上全部作为议员立法进行，议会是政策草拟、决定的主体。竞技场型是指议会成为执政党与在野党论战的舞台。如前所述，在议会内阁制的议会里，党内决议约束不可避免，议员自立性的立法活动受到制约，所以产生了成为竞技场型议会的倾向。

但是，在议会内阁制中没有必要排除变换型议会的所有要素。① 在野党为了对政权构想进行推敲，锤炼其政策能力，同时也为了以议会名义对强大的内阁展开调查、追究，希望拥有变换型议会的立法调查、国政调查功能。为此，配备相关条件成为议会改革的目的。与立法、调查相关的权力，与其说是自行行使，倒不如说有必要被定位成在野党为了对抗政府、磨炼其政策能力以及对政府存在的问题进行攻击的手段。对于议会内阁制的顺利运行而言，政权更迭不可或缺，为此，在野党有必要经常保持能够挑起政权的状态。主要由在野党对赋予议会的各种权力、资源进行有效运用是必然的，在这种意义上，为使议会内阁制能够按照民主主义原理得以运用，有必要拥有使在野党能够展开活跃活动的强有力议会。

---

① 详见山口二郎『政治改革』岩波书店、1993、第三章。

三 议会内阁制的两种模式

内阁制度是一种议会多数派掌握行政权的通用结构，不过，它也因国家不同而发生各种变化。政官关系、议会制度、选举制度、政党结构等制度及惯例与内阁制度相互重叠，作为整体形成各国的国家制度。在此，就议会内阁制的模式进行说明。此模式是以英国和日本的对比为中心，通过对内阁制度实际情况的观察而归纳性地构筑起来的。

（一）下降型——威斯敏斯特模式

这种模式以英国为参考，尤其是英国模式，常常用议会所在地名称进行冠名，被称为"下降型"——威斯敏斯特模式。其中，内阁由议会多数派势力的领导人构成，成为统治的最高领导机构，首相则是其中的终极责任人。内阁不是负责各省厅的成员集中召开会议的场所，而是作为决策主体协商组织。内阁作为主体构建政策体系，切实对以应对危机及环境变化为目的的政策进行决策。在这个意义上，内阁犹如一座巨型大坝，为推动官僚机构运行，储备政治能量。阁员既是省厅的责任人，同时又远离自身管辖省厅的组织性利益，作为内阁的一分子参与实现政治意愿的计划。

在这个模式中，由国民选出的政党势力统率行政机构的官僚，并以确定政策方向主体的身份形成内阁。而且，虽然这种模式的内阁的的确确位于行政机构的最高点，但其组织原理、正统性在性质上有别于官僚，能够与构成行政组织的常设官僚保持距离及紧张感。内阁网罗政党部门的实力派干部及领导人，整合最强阵容才是成功的关键。唯有将政党部门的力量集中于内阁，才是对抗官僚机关，推行自身政策所必不可少的条件。在完全具备这些条件后，内阁才能开始进行以重组行政机构、夺取官僚既得权力的改革，担负起主导政策转换的任务。在下降型模式中，无论是政党的政策草拟，还是组织运营上的资源调配（资金筹措、人才发掘等），自立于行政机构都是前提条件。

内阁为了积蓄政治能量，不能缺少与权力正统性相关的国民信任以及与政策相关的国民授权（mandate）。选举具有极其重要的意义，在选举中，"政党、领导者（首相候补）、政策"以三位一体的形式得以公开，因为得到了国民的信任，信赖及授权由此产生。所谓三位一体，是指由于国民投出的一票并不仅仅意味着选择该选举区的候选人，同时也是在由哪个政党执掌政权、由谁担任首相以及所选政权将实现怎样的政策这三个课题上同时做出选择。

正如前文介绍的那样，克里克在议会论中也认为，只有选举才是国民对政府、执政党这一权力融合体进行评定并加以阻止的唯一也是最后的手段。这种定位已经固定在英国的政治社会之中。政党提出宣言书（政权政策集），向国民说明其获得政权后的政策；国民在进行选择时，其首要标准也并不是选举区的政治家，而是将政权交予哪个政党、哪位党首。

选举如果拥有这样的意义，那么政党为了获得最终胜利，必然采用、实现下降型内阁模式（在英国，在野党也组建影子内阁，执政、在野两党在内阁运用图式中平行）。就必要政策目标及为实现这一政策自如驱使官僚机构的政治实力这两大要素而言，如果不被国民接受，也就无法获得支持。所以，无论如何，政党都有必要将最优秀的政治家设为首相，并在内阁集结其全明星阵容，以指挥政府的政治力量和提出必要政策目标为依据，政党得以在选举中获胜。如果不能做到这一点，那就只能发生政权更迭。也就是说，选举中的三位一体支撑着在选举后的内阁中采用下降型模式。

（二）上升型——日本模式

第二种模式是上升型。这种模式的内阁仅是阁员进行集会的场所，可以称得上是一个"空洞的中心"，其本身不是决策的主体。用白芝浩的话来说，本应是功能性部分的内阁却成了尊严性部分，变成对政府提出的法案、人事议案等进行最终决策的形式性、礼仪性机构。阁员作为所任职省厅的利益代表展开行动，内阁会议成为反映行政组织的割据性的场所。内阁与其说是统治的中枢，倒不如说是个别行政组织在追求自我利益之时，由下而上施加压力的出入口。在这种意义上，可以把这种模式的内阁称之为"上升型"。

在这种类型的内阁中，对于行政官僚机构持有的各种资源、利益，执政党只不过是提供获取途径的机构而已，且这种途径最有利且最具有独占性。同时，阁员是其中最重要的接入点。在这种情况下，政党要想实现筹措政治资金等目标，就需要将预算及权限的运用作为担保。然而，由于政策形成及组织运营方面的资源筹措都依存、寄生于官僚机构，所以，既存官僚组织及制度作为既定前提展开行动。挑战官僚的既得权力毋宁说就是反对政党的利益，因此就这种课题而言，政治领导力很难奏效。

以政府对各种资源进行集中管理为前提，将政治这种工作理解为对国家拥有的各种资源加以利用，对特定集团进行特惠性质的资源分配。这样一来就可能出现采用上升型行动模式的政党。

上升型内阁所存在的政体，其选举方式也不同于下降型内阁。上升型内阁不需要选举时的三位一体。对个别资源分配问题，如果在选举时选民已有判断标准，那么也就没必要提出成体系的政策主张。另外，不存在对政策体系进行转变、改革的宏观性课题，而对官僚制构建的既存体系进行维持、管理就是内阁的主要任务，若是这样的话，也就没有必要将执政党的全明星阵容集结在这样的内阁之中。同时，关于内阁最高责任人——首相的候选人，政党也没必要向国民征求意见。

通过考察日本内阁可以了解上升型模式，但这种模式的效力不仅限于日本。行政国家的形成先于政党政治的确立，政党政治家的任务是将政府持有的巨大资源及权力掌握在自己手中，在这样的政治土壤中，就会产生这种模式的内阁。

（三）议会中心主义与内阁中心主义

关于议会内阁制的概念化，宪法学有均衡本质论与责任本质论。前者重视议会和行政机构的对等性，认为内阁是否拥有解散议会的权力以及这种权力的形式是对议会内阁制进行的规定。与此相对，后者认为内阁以取得议会的信任为基础，理应始终对议会负有连带责任。但是，这种概念化受到议会内阁制初级阶段经验的掣肘，且将其当作分析现代议会内阁制的视角未必有益。在现代民主主义国家，君主等超然权力不可能保有行政权。虽然某些国家仍由国王掌握形式上的任命权，但在议会中挑选内阁首席成为惯例，而且内阁通常都建立在取得议会信任的基础上。在这个意义上，现代民主制下的内阁可以用责任本质论进行说明。

以责任本质论为前提，进一步观察议会与内阁的关系，可以发现其是因国而异的。毛桂荣把议会中心主义—内阁中心主义、统率型—集约型的两个坐标组合在一起，尝试以此对议会内阁制进行分类。① 所谓议会中心主义是指由国民选出的议员对行政权的构成进行议论、选择。国民持续地选出作为其代表的议员，内阁的结构由议员负责。所以，在议会选举阶段，国民并不知道自己的选择会带来怎样的内阁结构。与此相对，内阁中心主义指的是这样一种思维方式，即将议会选举视为内阁结构形成的前一阶段。政党是在对选举后的内阁首相及基本政策加以明确公布后开始参加竞选的，国民也是在了解上述信息后进行投票的。国民的意志不仅成为议会构成的依据，也规定了内阁的构成，这就是内阁中心主义的本质。毛桂荣把政策形成中的统率与集约两条坐标重叠在一起，列出了图 1 -3 那样的概念化模式。

图 1 -3 中的 A 是本章所说的下降型，C 对应的是上升型。下降型以议会与内阁的紧密结合为特征，议会把选举中表现出来的国民意志体现在内阁运作过程中，以此制造出实现政策的动力。上升型与此相反，议会选举中表现出来的民意未必非要体现在内阁运作中，其政策形成以既存官僚组织为前提，通过集约型方式进行。

毛桂荣的模型指出，除这两个模式以外，内阁制度还存在其他的运用方式。B 属于议会中心主义构想，统率型内阁是指在比例代

① 毛桂荣「日本の議員内閣制」『明治学院大學法学研究』62 号、1997、95 - 99 頁。

内阁权力政治基础的中心	"议会中心构想"	B	C（日本）
	"内阁中心构想"	A（英国）	D
	执行权的强化和统一	统率型（top-down）	集约型（bottom-up）

行政运营模式的中心

图 1 - 3　议会内阁制的模式化

资料来源：毛桂栄「日本的議会内閣制」『明治学院大学法学研究』62 号、1997、96 頁。

表制下并不存在杰出的政党，政党间通过协议形成联合政权，联合政权下政策协定的实施是由政党负责并强力推进的。政权形式是通过政党间的交涉而确立的，属于议会中心主义，如政党具有凝聚力，并具有合适的领导人选，即便是这种内阁，在政治领导力的作用下，也可能进行统率型的政策运营。这样的例子可以在过去的德国等欧洲大陆各国看到。

在 D 的内阁中心主义前提下，出现进行集约型政权运营的情况，这是指虽根据选举时所表现出的民意形成内阁，但是执政党没有充分的凝聚力及明确的政权政策。英国的内阁作为规范性模式被分到 A 类，但由于状况不同，也可能会出现接近于 D 的运用。特别是首相在任期中急流勇退之后，在没经过选举洗礼的继承者运营政权的情况下，恐怕也会出现 D 这种模式。

如前文所指出的那样，不应该忽视议会内阁制的多样性。但本书的主体是分析日本议会内阁制的特征及变化。所以在进行分析时，考虑到与英国模式进行对比是极其有益的，因此对下降型与上升型这两种类型的比较更接近本书的主题。

第二章　日本内阁制度的发展历程

一　明治宪法体制与内阁

（一）　日本内阁制度的开端

在此，欲以《内阁制度百年史》、《日本内阁史录》（林茂、辻清明编著）等资料为依据，对日本内阁制度的相关历史进行概述。日本的近代内阁制度，始于明治18年（1885）12月。它代替了自明治维新起施行的太政官制，内阁职权由此被制定下来。太政官制是日本律令时代的政府组织模式，即便将其勉强套用于近代国家，也定会招致难以为继的局面。太政官在形式上有权统率、监督各省，各省大臣（当时称呼为"卿"）充其量是隶属于太政大臣的分管官员。因此，所有行政事务均要经过太政大臣之手，各省大臣在开展工作之时也必须得到太政官的批准。但是，太政官并不能做到统率全局，其形式上的权力与实际工作存在错位导致责任主体模糊不清；同各省大臣并驾齐驱，还有参议这一职务，使其与执政府领导保持步调一致绝非易事。这样一来，国政的停滞就变得理所当然，确立近代内阁制度也成为日本政治的必然课题。

至于日本创设内阁制度的原因，辻清明介绍了如下三种说法。[1]

第一种，为了对应国会的开设，有必要设立近代内阁制度。明治14年（1881）政变之际，开设国会的敕令得以发布，制定宪法

---

[1]　林茂・辻清明編『日本内閣史録』（第一卷　第一法規）、1981、30 - 37 頁。

工作完成之后旋即创设国会成为既定方针。因此，就存在这样一种情形：与立法机关的变化相对应，行政机构也有必要向同欧洲各国一样的近代内阁制度过渡。西园寺公望（时任驻维也纳公使）、金子坚太郎（时任伊藤博文秘书）等人也发言表示：将来即使在内阁制度施行之前开设议会，也并不会为此而担心。

第二种，从伊藤博文个人权力欲的角度出发进行说明的假说。这种解释认为，在混乱的太政官政府中，虽然出现了希望伊藤博文就任右大臣的动向，但伊藤本人怀有出任太政官的野心。若直接表现这一野心则会引发矛盾，所以伊藤博文希望行政机构制度本身发生变更，而后由自己出任行政最高领导。

第三种，统一行政权力的必要性使然。太政官三条实美在上呈天皇的奏折中指出，在太政官制中，由于太政官、左大臣、右大臣、参议的权限分担模糊不清而引发混乱，同时也对行政权力一元化的必要性进行了说明。另外，福泽谕吉也评价说，太政官制犹如"同辈兄弟的集合，缺乏长者的主导"，对通过创设内阁制度实现政府一元化表示欢迎。

辻清明认为，上述三种说法都有其合理性。很明显，最为重要的原因是其中的第三点——统一行政权力。而之所以选择这一时机从太政官制向内阁制度过渡，前两点政治原因也是不容忽视的。

《内阁职权》是一项为可以推动政府运行的强有力领导人提供存在依据的制度。其第一条规定："（内阁总理大臣）作为各大臣之首，可上奏重大政务，奉旨指导大政方针，总理各行政部门"；总理大臣是居于各省大臣之上的掌权者。进而，总理大臣"对各行政部门的政绩加以考量，要求各部对此进行说明并对必要之处予以查验"（第二条），"在认为必要时可撤销各行政部门做出的处分及命令，等待天皇裁决"（第三条）。此外，一般性法律及敕令只需总理大臣副署，涉及个别机关业务的法律及敕令则总理大臣及相关主管大臣副署即可生效。对于各省大臣而言，规定其有就主管事务的相关情况向总理大臣做汇报的义务。这样的原则被称为"大宰相主义"。内阁制度在创设之时就以让日本也能产生普鲁士俾斯麦式的强有力政治家为目标。

（二）内阁制度的局限性及问题

随着明治宪法的制定，取代《内阁职权》的《内阁官制》也同时出台，这使得内阁制度的原理发生了很大转变。大宰相主义被否定，阁员平等主义成为内阁制度的原理。《内阁官制》第一条规定"内阁由国务各大臣组成"，清楚表明了大臣的对等性。然后，关于总理大臣，《内阁官制》第二条规定"作为各大臣之首，上奏重大政务，奉旨保持行政各部的统一"，《内阁职权》的第二条规定被删除。此外，在法律、敕令的副署问题上，与个别机关掌管事务相关的法律、敕令只需该部门主管大臣副署即可（第五条）。依照宪法学的解释，虽然两种制度均规定"（内阁总理大臣）作为各大臣之首"，但在《内阁官制》中，总理大臣被解释成充其量是在制度上无势力可言的形式上的领导。

直接导致大宰相主义衰退的原因是为了对明治宪法第五十五条中规定的大臣单独辅弼制予以制度上的配合。从各大臣分别直接辅佐天皇的角度来看，大臣之间的关系理应不存在优劣之分。由总理大臣指挥、命令辅佐天皇的大臣，这种关系结构，已无法适应天皇总揽统治大权的明治宪法体制下的内阁。

让清明指出，制度上大宰相主义的衰退（指内阁制度之所以被削弱），更深层次的原因在于，即便在内阁职权制度下权力得以强化的首相也无法跨越藩阀势力割据的现实。制度上强大的首相权力反而会成为诱发拥有不同藩阀背景的各大臣对立的导火索。为了使制度符合实际，需要在宪法和《内阁官制》中对大臣的对等原则加以规定。大宰相主义短期受挫，形象地说，就是日本的内阁倒退回以大臣为主的联邦制。割据主义、缺乏整合能力成为日本内阁的顽疾。

此外，作为设法弱化内阁的政治动机，建立针对政党内阁的防线这一意图也很重要。如果对责任内阁制进行强化，使内阁处于统治权力中枢地位的话，将来施行政党内阁之时，国家权力将全部被政党所绑架。特别是为调查宪法而远赴欧洲的伊藤博文，在观察各国政治情况后对此深感忧虑。他在对宪法进行解释说明的著作《宪法义解》中写道："大臣如若偏倾诸多连带责任之一环，则其弊端在于易结党营私，相互串联，终将左右天皇大权之行使，吾国宪法断不可取之。"也就是说，在明治宪法体制施行伊始，内阁制度是脱离民主主义的。

明治宪法体制中存在妨碍内阁统治能力的内外因素。

作为内在因素，内阁中存在着一种同所指出的各省大臣割据主义并驾齐驱并助长其进一步发展的情形。在日本，大臣所指的就是各省的大臣，而不是国务大臣。内阁作为统治主体，理应寻求从更为开阔的视野对国政方面的课题进行思考与决定。所谓国务大臣，即对上述国政事务全权负责且拥有开阔视野的领导。太政官制中的参议正是如此。但是，内阁制度受到调整，特别是大臣单独辅弼制的确立，使得大臣彻底作为特定行政领域的主管辅佐天皇，并在内阁进行相关活动。这样一来，便是将国务大臣从大臣的含义中剔除，仅剩下行政大臣这一义项。在此结构下，大臣就会成为所任职省厅的利益代言人。

特别是对意在削减特定省利益的政策进行讨论、决策之时，内阁作为国政最高指导机关，被要求从开阔的视野出发，采取以国家利益为重的行动。但是，主管大臣只顾一味为本省利益辩护，且在大臣单独辅弼制下并不受首相统管，这样一来，内阁的政策决策能力会大为降低。即便在战前，因自身内部意见不合而导致内阁倒台的事件也屡屡发生。

外因则是存在枢密院、贵族院以及军队等权力机构，它们均不受内阁统管。特别是军队拥有统帅权独立的大义名分，其存在对于内阁而言与其说起到牵制作用，倒不如说妨碍了内阁政策。尤其是陆海军大臣现役武官制度的实施，使得军队可以通过拒绝推荐相关大臣，进而拥有对内阁的否决权。有像宇垣一成那样，虽然奉命组阁，但由于陆军未能推荐陆军大臣而组阁失败的例子；也有像米内光政内阁那样，由于陆军大臣辞职且没有继任者，整个内阁不得不总辞职的先例。

如上文所述，统治机构中存在掣肘内阁的其他机关，它们都是无法代表民众的非民选机关。宪法制定后，在与议会中民选势力的关系方面，内阁轻视民选势力，认为其是带有党派性质、追求部分利益的群体，只有内阁自身才能垄断式地担负起公共利益，这种观念将内阁的权威主义姿态暴露无遗。明治宪法颁布之际，时任首相的黑田清隆召集地方负责人并发表了演讲，他说，"施政主张因人而异，有相同主张之人结成无团结可言之所谓政党，亦是时下社会情势所迫，无可避免。然则政府之志向来明晰，超然于政党之外，居至高至正之位，此亦不可否认之事实。诸君宜以此为意，秉不偏不党之心以对国民，抚驭适中，为助国家行隆盛之治尽心竭力"①。自这一演说开始，作为表示内阁此种权威主义的词语——"超然主义"一词就此产生。

超然主义自天皇总揽统治大权的明治宪法体制原理中派生而来。天皇超越党派，体现公共利益，内阁由于辅佐这样的天皇也必然会体现公共利益。超然主义的逻辑是，如果内阁追求特定党派的利益，将导致天皇统治也出现偏颇。

诚然，在现实政治中，既然追求种种利益是权力的动力所在，那么内阁就不可能超然于社会中的种种利益而存续下去。显而易见的是，黑田及继任首相山县有朋等身为藩阀势力的代表，无非是利用超然主义这一思想意识来阻止议会中民权势力的抬头。同时，无视来自议会的种种批判，内阁"以天皇为挡箭牌，以诏书为子弹"（尾崎行雄语）的权力手段，也被继承下来。而且，支撑内阁，实施实质行政活动的官僚，其秉承的"天皇的官吏"这一自我认识中也渗透着超然主义观念。

---

① 林茂·辻清明编『日本内閣史録』（第一卷　第一法规）、117－118页。

（三） 总动员体制与内阁

在像上述那样的离心的统治体制中，内阁本身也存在大臣割据问题，统治中行政权力的集中与统一成为政治难题。特别是 20 世纪 30 年代之后，日本进入战时动员体制，强化内阁的领导能力及调整能力成为重大课题。[①]

1935 年设立了内阁调查局，1937 年又设立了企划厅、企划院。这些机关设立的目的在于成为内阁的附属机构，辅佐内阁完成情报收集，人事、预算及资源分配与调整等工作。但是，即使在推动战争的大背景下，想要超越陆海军、外务省、大藏省等部门间的龃龉，制定出灵活、合理的国策仍存在一定困难，仅凭内阁辅佐功能的强化还不足以实现。

于是，第二次近卫文麿内阁在议会之外又成立了大政翼赞会这一组织，并试图使其成为内阁的基础。大政翼赞会成立的目的之一就在于对统帅与国务进行调整，强化政府内部的统一程度及效率。但是，大政翼赞会与宪法第五十五条规定的大臣辅弼制相矛盾，这一弱点也使得其功能无法得到充分发挥。

进而，太平洋战争中的东条英机内阁试图以敕令为依据强化首相的领导地位。1943 年，根据战时行政职权特例，曾经在《内阁职权》中出现的总理大臣对各大臣的指示权得以恢复。而且，同年，设立军需省，由首相东条英机兼任军需大臣，国务大臣岸信介出任军需省次官。由此，内阁中的大臣平等原则遭到实质性的否定，首相手中集中了强大的权力。接下来，东条英机于次年兼任参谋总长一职，亲自表现了国务与统帅的统一。但是，在不断恶化的战局面前，东条内阁的威信也随之下降，并最终由于重臣[②]的策动而垮台。对此，辻清明评价说，"停战决定采取直接征求天皇意见

---

① 林茂・辻清明编『日本内閣史録』（第一卷　第一法规）、44－46 頁。

② 重臣是向天皇推荐首相候选人的重要政治人物，一般指元老、内大臣、前首相等。——译者注

的方式，这表明在明治宪法下，内阁在统一事务方面已陷入走投无路的状态"①。

（四）围绕人事问题的政治渗透

正如上文所述，战前内阁制度在设置伊始便成为超然主义官僚支配的舞台，并未与民主主义相结合。但是，随着政党政治的发展及政党内阁的诞生，内阁制度在运用上亦发生变化。从这个意义上看，内阁制度中的超然主义并不是始终如一的，与民选势力的兴起一道，政治因素在内阁制度的运用过程中得以渗透。这一点在官僚的人事问题上表现得尤为明显。在此，将对战前人事制度的变迁加以概述。②

与内阁制度的实施并进，日本近代官吏制度也得以创设。在此制度中，官吏被分为敕任官、奏任官、判任官，其中，敕任官和奏任官为高等官员。并且，采用依考试而定的资格任用制，于1887年制定了《文官考试试用及见习规则》。按照这一规定，奏任官、判任官虽依考试进行资格任用，但大臣、次官、局长级别的敕任官仍采取自由任用。通过资格任用制，官吏职位沦为藩阀势力政治特权的弊端得以剔除。但是，敕任官的任命依旧视政治利害及权力斗争而定。

自那以后，藩阀势力与政党势力间的权力斗争日渐激烈；政党内阁上台后，在其扩大政治任命（自由任用）范围的方针下，官吏任用制度也发生了变化。1898年，作为第一届政党内阁的大隈重信内阁，以敕任官的任用资格没有明确规定为由，对《各省官制通则》进行了修改，在各省设立了敕任参事官一职。同时，敕任官的范围得以扩大，次官、局长、地方长官等均由政党成员担任。但是，由于第一次大隈重信内阁短命而终，政治任命的高级官

---

① 林茂・辻清明編『日本内閣史録』（第一巻　第一法規）、46頁。
② 以下表述根据日本公务员制度史研究会编著的『官吏・公務員制度の変遷』（第一法規）、1989。

僚并未来得及开展实质性的活动。

随后上台的第二次山县有朋内阁，推翻了大隈重信内阁的制度改革，为了防止政党势力进入行政领域，再次进行了旨在限制政治任命范围的制度改革。1899 年修改了文官任用令，对除亲任官之外的敕任官进行了明确的任用资格规定，限定了政治任命的范围。

进入大正时代，政党内阁上台执政愈加频繁，官吏任用制度又有了进一步变化。1913 年，以政友会为执政党的第一次山本权兵卫内阁，应政友会的要求试图再次扩大政治任命的范围。此次制度修改主要有以下内容。

敕任文官任用资格的放宽。在政治任命职位中，任敕任参事官满一年者，作为秘书官担任高等三等官满两年者，可担任知事、局长等敕任文官；有十年以上其他职位任职经验者也享有同等资格。

敕任文官的选拔录用。除文官高等考试合格人员之外，任敕任官达两年以上或任高等三等官级别奏任官达三年以上者，经考试委员会选拔，可担任敕任文官。这一制度为技术官、教官等文官高等考试合格人员以外的官吏提供了晋升途径。

奏任官、判任官任用资格的扩大。

由于高等、中等教育得以普及，有能力的中产阶层子弟人数增加，从而导致有意就任公职的人数也有所增加。上述的制度修改正是为了应对这一局面。换言之，与其说修改制度的目的是让政治家去行政机构任职，倒不如说是使有行政经验的人能够摆脱录用时的考试划分，灵活地转职、晋升。

山本内阁因西门子事件而垮台，取而代之的是以反政友会势力为基础的第二次大隈重信内阁。大隈重信内阁为了阻止政友会政党势力的扩大，再次进行了缩小政治任命范围的制度修改。1914 年修改了《各省官制通则》，在将参政官、副参政官纳入政治任命范围的同时，把各省次官、警视总监、贵族院书记官长、众议院书记官长、内务省警保局长、敕任参事官移出政治任命的范围。据此，政治任命的适用范围又恢复到山本内阁上台之前的状态。大隈等反政友会势力依照"行政中立性"的理念，排除了政友会势力向行政领域的渗透。

于 1918 年上台的原敬内阁，再次扩大了政治任命的范围，恢复了山本内阁时期的制度。同时，各省次官及各省一名敕任参事官被纳入政治任命范围当中。然后，在 1924 年组阁的加藤高明内阁中，各省次官、敕任参事官被排除在政治任命对象之外；取而代之的是在各省设置政务次官和参与官，并通过政治任命的方式予以填补。这些职位在辅佐大臣、参与计划政务的同时，也进行同帝国议会的谈判、调整工作。

大正时代，围绕行政领域中政治任命的范围问题，政党势力同藩阀集团之间的争斗呈拔河之势。正如前文所述，制度修改屡次进行，循环往复；但是，就官僚制度整体而言，其政治化并没有深入进行。

进入昭和年间，在这个因政友党、民政党两大政党而使得政党内阁制得以确立的时代，官吏的任用成为更大的政治争论焦点。文官分限令第十一条第一款规定"在机关事务需要的情况下"可下达停职命令。利用这一点，政党内阁的大臣对不受执政党政府欢迎的官吏施以停职处理的人事活动横行。由于存在停职期满后自然辞职的惯例，利用停职命令将政治上无忠诚心的官吏排除出行政领域亦成为可能。如果这种现象在警察及地方行政中横行，将使得官僚带有政治色彩，引发干涉选举等问题。但是，将不受欢迎的官吏驱逐之后，其继任者人选将依据文官任用令而受到限制，只有通过高等文官考试的人才有资格接任。政党内阁曾尝试通过修订文官任用令，将省厅重要职位纳入政治任命范围，但由于遭到枢密院的反对而未能成功。这就意味着官僚的政治化程度也是有限度的。

五一五事件后，政党内阁垮台，官吏任用制度也朝着排除政治因素的方向再次发生变化。1934 年，斋藤实内阁进行了缩小政治任命范围的制度修改，警视总监、贵族院书记官长、众议院书记官长、内务省警保局长被排除在政治任命范围之外。而且，对文官分限令有关停职规定在政治上的滥用进行了反省，为保障官吏身份设立了文官分限委员会，针对停职处分接受咨询。此后，日本进入战时动员体制。与此同时，围绕官吏人事问题的政官关系紧张局面就此消失。

回顾战前时期围绕人事问题的政官关系发展，可以看出对于设立之初秉承超然主义的行政机构，政党势力进行了相当程度的渗透。代表国民的正统性使得政党势力拥有在战前宪法体制下也无法忽视的分量。所以政党内阁可以对身为天皇的官吏的高级官僚进行事实上的更换。但是，政党势力的渗透，并不是建立在对政治与行政、政党与官僚的职能分担及相互关系提出明确理念及规范基础之上的现象。究其原因，在于将行政机构的官职视为政治权力斗争战利品的政治观念。从这个意义上讲，与其说由于政党政治对官僚机构的渗透并不是民主主义的进步，故而未能获得国民支持，倒不如说是低层次的党派对立，才致使对政党政治的幻想破灭。这一点对于思考现今政官关系而言也是一个重要的教训。

二 战后宪法体制下的内阁

（一） 占领改革与内阁制度改革

1945 年日本战败之后，在以美国为中心的占领军所主导的民主化改革中，内阁制度改革理所当然地成为重要课题。在此，本书将一边介绍宪法学的研究成果，一边回顾战后日本内阁制度在被构建的过程中存在哪些论点。

对战后日本宪法给予重大影响的是占领军。围绕天皇制及基本人权的规定，产生了各种各样的争论。虽然对统治机构进行彻底民主化改革的方针十分明确，却似乎不存在是否引入总统制的争论。①

首先来看身为占领军幕僚，在宪法改正中负责核心工作的罗威

---

① 下文有关战后改革的表述依据国会图书馆相关资料，http://www.ndl.go.jp/constitution/shiryo/03/059/059tx.html。

尔对宪法改正案所进行的研讨工作。他在起草具体草案之前，留下了与主要论点相关的劝告。关于统治机构，其本着政府应对国民负责的观念，提出了以下主张。

现在的日本，在宪法制度之外存在许多政策决策机关，它们在具有较大影响力的同时，几乎不能反映人民的意志。这一点主要被认为是针对枢密院及元老的。于是，作为改革的方向，他主张只应让从国民中选出的国会议员与天皇的政治性事务进行相关直接接触。

在对宪法草案实际起草给予很大影响的《关于日本统治机构改革》（SWNCC228）文件中，在一般原则立场上将美国式总统制和英国式议会内阁制进行了对比，就日本统治机构的问题点和今后的发展方向进行了如下论述。以下内容为该文件的一部分。

（二）缺乏可确保政府对国民负责的制度

第一，现行日本宪法是以实现如下双重目标而制定的：一方面是对国民的代议制要求加以安抚；另一方面则是明治政府的领导人，也就是宪法的制定者，坚信为了日本在近代世界中得以生存和发展，必须施行中央集权式的、独裁式的统治，并使其统治机构得到强化，进而得以永存。为了与第二个目的相吻合，国家权力被天皇周边的少数个体顾问所掌握，由选举产生的国会国民代表只在立法领域的有限范围内被赋予监督权。内阁垮台之后，众议院中占多数席位政党的领袖并不会被自动任命为新的总理大臣，而是以上述顾问——原本由元老负责，近来则由前总理大臣协议会负责——的推荐为基础，由天皇任命。然后，这位总理大臣再选择自己的阁员。这样一来，新政府的性格及其构成并不是由众议院中多数人的意见所决定，而是根据天皇周围势力的均衡决定的。

第二，内阁不对众议院负责，也导致了议会与预算相关的权限受到限制的结果。宪法规定，预算被议会否决之时，则自动按上一年度的预算施行（第七十一条）。其结果就是，总理大臣会认识到，即使无法在众议院获得多数信任，至少也会确保与本年度相同的预算的实施。

第三，与国家内政事务相关的一般性法律，其制定虽属议会权限，但事实上，大部分草案都是由阁员提出的，且国会并不能参与阁员的选拔。宣战、议和、缔结条约等权力都是天皇的大权，对于相关问题，议会只能极为间接地对其施加影响。之所以形成这样的局面，是因为议会无法控制由内阁及内大臣、宫内大臣、其他天皇侧近组成的一同就上述事项对天皇提出建议的枢密院。议会无权对宫中事务进行干涉，无法提议修改宪法，也无法自行召开会议；并且，在总理大臣的建议下，天皇可以无限次地在为期150天的会期中宣布休会。

第四，议会有让政府清楚知晓其见解的间接手段，这虽然实际上远比议会在预算之外被赋予的直接控制有效，但这种间接手段的价值较为有限。议会虽然有向天皇上奏、向政府提出建议的权利，但这几乎没有任何实际意义。究其原因，天皇也好，政府也罢，都没有对国会的建议进行回应的义务。议会虽然有权针对国政的任何事项成立相关调查委员会，但由于其无法强制证人出面，故而作用受到制约。尽管在会场提出质疑和疑问可能会给内阁制造麻烦，这也是议会最为有效的武器，但大臣可以顾左右而言他，也可以以涉及"军事机密"、"外交机密"或"有悖公众利益"为由拒绝回答。两院共同依据惯例对其权限内事务进行决议的职能得到认可。截至1931年，根据众议院的不信任案，虽屡有内阁及大臣被迫辞职，但相关的决议也屡屡使得众议院被解散，进行总选举。即便总选举中反对政府的众议院一方得到支持，政府也并未因此而总辞职。尽管过去的15年间议员在会场上提出的质问、上奏决议或是建议决议对政府进行了批判，但实际上，这是议员有望对政策施加影响的唯一途径。

像这样，占领军对战前日本内阁制度的软弱性及权力多元化带来的弊端给予了相当正确的认识；在战后试图彻底进行民主化改革之时，并没有引入新的总统制，而是使战前就已经存在的议会政治民主化，选择了将行政机构变为对国会完全负责的权力机关这一现实道路。在将议会置于权力机构中枢的意图下，贯彻议会内阁制成为日本民主化的捷径。

（三）法制官僚的制度设计与内阁制度的延续性

制度设计之初，最大的争论在于是否保持内阁的合议制特点，是否构建以总理大臣为顶点的内阁等级制度。日本在实现民主化的基础上，行政权该如何构成也是一个难题。正如已经详细介绍的那样，由于战前统治机构存在离心性、割据性，所以内阁的统治能力并未得到充分发挥，这也成为日本走向全体主义化的原因之一。在这个意义上，有必要废除贵族院、枢密院、军部等权力机关，将统治权力统一于内阁。也就是说，要求在民主基础上建立拥有统治能力的强有力内阁。由于内阁拥有很大权力，其失控的危险性也相对较高。这样一来，在有效统治和民主式统管之间保持平衡就成为重要课题。

围绕内阁自律性和国会统管的制度设计，占领军和日本法制官僚间存在着分歧和讨价还价。根据1946年2月13日被递交给日本政府的麦克阿瑟宪法草案记录，行政权归于内阁的规定并不是战前"内阁强化"论的延续，而是打算通过将前文所说的枢密院等非立宪机关废除，使行政权向内阁集中，从而谋求实现民主化。在GHQ的文件中，对于宪法草案中行政权的相关规定有如下说明："（日本）内阁并不像英国内阁那样强而有力……日本的危险之处并不在于其行政权过于孱弱。相反，一直以来软弱无力的是立法机构。因此，内阁也没有确立优势地位。"[①]

与此相对，日本政府则完成了意欲排除国会对内阁的干涉，同时借鉴战前经验恢复强有力首相的政府草案，并于3月2日公布。在此政府草案中规定内阁总理大臣为"内阁首长"（第六十八条），可任意罢免国务大臣（第七十条），并对行政各部门进行监督、监

---

① 岡田彰『現代日本官僚制の成立——戦後占領期における行政制度の再編成』法政大学出版局、1994、121頁。

视（第七十三条），还可制定取代过去紧急敕令的内阁令（第七十六条）。而且，内阁组织运作的相关事宜，通过在宪法条文中插入委任规定的形式在法律上得以制定，用以确保内阁的定夺权。[1] 同时，关于组成内阁的大臣，政府草案也明确表现出希望施行国务大臣即是各省大臣的国务大臣、行政长官同一人制的意向。

此后，占领军负责人和日本政府之间围绕宪法及其附属法——内阁法的内容，就内阁的地位和权力规定等持续展开协商。在这里，争论焦点在于内阁政令制定权的地位和内阁中各省大臣同总理大臣间关系的法理。从事占领时期改革研究的冈田彰认为，日本的法制官僚试图"将规定行政权归属的新宪法同以旧官制为基础的内阁制度相结合，通过重新赋予其正当性，在实质上犹如从前一样促进内阁制度的继承"[2]。

关于前者，围绕国会与内阁间关系展开了争论。占领军从强化国会的立场出发，寻求国会对内阁政令制定的参与。与此相对，日本官僚以明确接受新宪法的三权分立前提为基础，主张行政部门像法院拥有规则制定权一样，能够自由制定其内部规则。本应由行政部门自由定夺的事务却受到法律的约束，这是日本官僚所避讳的。从战后宪法体制的建构过程开始，权力分立原理就被当作保证行政部门与官僚自由、摆脱国会统管的理由，这一点值得注意。

后者的问题在于，如何对内阁和各省大臣间的关系进行逻辑性整合。要知道，内阁是新宪法体制下行政权的归属所在，而各省大臣是天皇行政大权下的最高行政机构。[3] 在明治宪法体制中，各省大臣依据单独辅弼制直接隶属于天皇，在各自领域保有最高行政权力。纵使是总理大臣，也无法从制度层面发号施令。这就是最高行

---

[1] 岡田彰『現代日本官僚制の成立——戦後占領期における行政制度の再編成』、122頁。

[2] 岡田彰『現代日本官僚制の成立——戦後占領期における行政制度の再編成』、127頁。

[3] 岡田彰『現代日本官僚制の成立——戦後占領期における行政制度の再編成』、128頁。

政机构的意义。但是，在以民主主义和国民主权为前提的内阁制度中，最高行政机构的概念并不适用。法制官僚将内阁定位为"合议制总统"。也就是说，内阁作为合议体，承袭了天皇在明治宪法体制中占据的大部分地位，采用了掌握行政权的逻辑。于是，构筑了内阁活动的理论框架，即将决定政策的内阁会议与分担管理行政事务大臣的具体执行相分离。内阁作为各省的上级部门拥有总括权，但内阁和总理大臣被严加区别开来。拥有行政权的是作为合议体的内阁，而不是拥有具体人格的总理大臣。而且，各个领域开展具体行政活动的最高责任人是拥有具体人格的各省大臣。这样一来，即便在战后内阁中，分担管理原则仍得以保留，各省割据体制得以存续。于是，在日本政府准备的内阁法草案中，关于总理大臣为"内阁首长"的表述被删去。[①] 可以说，总理大臣的地位在最初设想的基础上受到削弱。

在占领军宪法制定负责人中，也有人秉持将总理大臣变为强有力领导的构想。这样的构想具体而言就是通过法律规定使行政权归属于首相。法制官僚所提出的宪法、内阁法设计，本着对战前姑息官僚支配的做法保持警惕的态度，对日本政府的宪法提案提出了质疑。随后，以对两种考虑进行折中处理的方式制定了现行宪法及内阁法。也就是说，一方面规定行政权归属于作为合议体的内阁，另一方面也规定总理大臣是内阁的首长。但是，首长的意义模棱两可，而且，内阁法明确规定，内阁有向国会提出法律草案的权力。同时，国会对于政令的审查权被废除。如此一来，若将战后宪法体制中的内阁与当初的构想加以比较，得出的结论是内阁摆脱国会统管获得自由，而官僚支配则被姑息。

大石真认为，就战后宪法体制下的内阁制度而言，呈现出克服阁员平等主义，接近新型大宰相主义的特征。[②] 但是，大宰相主义

---

① 岡田彰『現代日本官僚制の成立——戦後占領期における行政制度の再編成』、133 – 134 頁。

② 大石真「内閣制度の展開」『公法研究』57 巻、1995、56 頁。

并未实现。结果，行政方面的分担管理原则得以维持，掌握实际行政权力的是各省大臣。总理大臣虽在自由任免大臣这一点上大权在握，但罢免权的行使只能在非常状况之下。既然各省大臣拥有行政权，那么总理大臣所拥有的对各省大臣的指挥监督权并不是与个别事态相关的具体命令权，而仅限于一般性的指示。

所谓维持分担管理原则，就是大臣作为各省长官并不像国务大臣那样对国政整体进行集团式的指导。这一点即便在战后宪法体制中也没有成为内阁指导行政机构的政治依据。从这个意义上可以看出自明治宪法体制以来的体制连续性。

三　五五年体制下的内阁

（一）　自民党政权的诞生与内阁——强正统性和弱权力

1955 年保守政党合并，组成自由民主党，此后直至 1993 年，其间除短暂组建联合内阁外，始终维持单独政权。在此期间，日本内阁制度呈现出独特的发展态势。本来，如前文所述，内阁在宪法上被赋予了强大的正统性和权力。如能通过保守联合而成为执政党的稳定基础，那么内阁作为国家权力的中枢机关理应发挥出极大的能量。但是，上台后很久，自民党政权的内阁都未能发挥作为权力中枢的功能。究其原因主要有以下几点。

自民党成立后旋即执政的鸠山一郎、石桥湛山两个政权，因首相生病等原因未能稳固执政地位或短命而终。1957 年，岸信介就任首相。从政治履历来看，岸信介具备了成为强有力领导人的条件，其内阁也应该成为权力中枢。但是，诞生不久的自民党将保守联合前的党派争斗继承下来，派阀争斗持续激烈进行。所谓政党派和官僚派的对立也不时激化。当时主流派和反主流派的对立明显，反主流派领袖无法进入内阁的情况屡见不鲜，而且，即便其成为阁员也会在牵制首相方面表现存在感。在执政党实力派政治家未能进入内阁的情况下，国会也好，媒体也罢，都会认为内阁缺乏分量而无法成为领导主体。同时，反主流派的实力政治家如果成为主要阁员并对首相形成牵制，内阁便会为内部不统一而苦恼，其整合功能也不能得到充分发挥。1958 年 12 月，发生了国务相池田勇人、经营企划厅长官三木武夫、文部相滩尾弘吉三位阁员因对岸信介的高压政权运营表示不满而辞职的事件。在 20 世纪 50 年代中后期的日本政治中，内阁仿佛是一面镜子而折射出执政党中复杂的对立状态。

　　岸信介内阁运行困难的另一个原因在于岸信介个人对于宪法政治的追求。岸信介是修宪论者，以修改宪法为目标。当时的最大争论焦点无疑是宪法第九条；在修宪成为一大政治焦点的情况下，国家宪法体制无法稳定运行，也无法形成惯例。执政党实力派政治家之所以对岸信介表示反感，正是源于对其向前推动宪法政治这一政权运行方式的反对。进而，宪法政治也招致了在野党原理主义层面的反对。这种反对并不仅限于议会内部，更激起了广泛而强烈的院外运动。由于在野党同院外大众运动相结合，社会舆论导向也受到很大影响。岸信介内阁的执政党，虽在参众两院居压倒性多数地位，但面对在野党及舆论的反对，也不得不接受其意欲推动的警察官职务执行法修正案成为废案的挫折。在所谓的 1960 年安保运动之际，安保条约的重新修订虽在国会获得承认，但岸信介本人面对国民的强烈批判不得不引咎辞职。岸信介政权的失败，指导人们在议会内阁制下开展具体的针对内阁的抑制及检查工作所应具备的条件。通常情况下，由于议会对内阁的检查均由在野党进行，故其无法在现实意义上阻止内阁的行动。像岸信介时期那样，执政党内部对内阁的批判使得议会发起的抑制活动第一次产生了效果。

　　同时，通过上述这一经验，在对内阁的民主统管方面衍生出日本独有的理念。正如前文所述，在议会内阁制中执政党占据国会多数席位的情况下，如果借用英国式的说法就是政府、执政党除"使男人变成女人，女人成为男人"之外，大部分的事情都能如愿，合法手段根本不可能对其进行阻遏。在内阁制度的统治下，社会舆论对在野党的反对予以支持，从而迫使政府做出让步是极为罕见的情况。在战后民主主义思想下逐渐稳定的议会内阁制才运行不久就经历了如此罕见的一幕，这导致日后日本在野党和社会舆论或媒体在有关内阁与民主统治关系的问题上，被植入了理想主义的观念。也就是说，人们会抱有这样的理想：若批判正确，那么内阁就会放弃自身的政策且理应放弃。特别是对自民党政权持批判态度的媒体和论坛都有着这样的理想。此后，这招致了围绕政治的批判与现实脱节的挫折。

内阁将权力进行集中的行为本身并无不妥。有时为了实现重大政策，也必须提高内阁凝聚性。但是，伴随着关于岸信介内阁的记忆，在日本政治中，内阁所进行的权力集中被视为危险行为的观点已然定型。

（二）经济高速发展的开始与内阁

在 1960 年安保运动中，岸信介内阁被迫下台，池田勇人组阁。这一政权同其提出的收入倍增政策一道，在战后日本政治史上写下了浓墨重彩的一笔。政策方面，池田勇人内阁从以安保和宪法为中心的所谓高策略向以经济为中心的低策略转换，这已成为战后日本政治史的常识。与此同时，在内阁运用方面，池田政权也完成了划时代转换。伊藤大一指出，就第二次池田政权而言，其带有中坚、实践型内阁与大人物、实力派内阁相互交替的特点，作为一种趋势，随着实力派（佐藤荣作、河野一郎、三木武夫、藤山爱一郎、川岛正次郎等）更加活跃，内阁制度本身已经处于更高的权力地位之上。[1] 将包括反主流实力政治家在内的所有执政党实力派政治家纳入内阁，这种全明星内阁首次在战后政党政治历史上出现。[2]

伊藤进而对池田勇人内阁给予高度评价，认为从池田勇人内阁开始，日本内阁开始作为权力中枢发挥作用。

---

[1] 伊藤大一「第二次池田内閣」林茂・辻清明編『日本内閣史録』（第五卷 第一法規）1981、47－48 頁。
[2] 石川真澄『戦後政治史』岩波書店、2004、153－158 頁。

　　池田勇人内阁此时已开始具备"权力中心"的实质，成为内阁史上值得关注的事实。这是因为，在日本原有的院政传统之上，内阁制度自施行以来，在整个战前时期，其只不过是统治机构的一部分（事实上的统治机构），尽管它也是权力的"代理"之一，但处于很难被称为"中心"的状态。依照新宪法的规定，内阁制度首次被当作正统性制度加以认知，内阁成为唯一掌握"行政权"的机构。但是，这一制度改革在最初也未能跨越先前的界限。（省略）通过大人物、实力派内阁的实现，这一制度改革被加入与之相应的实质性内容。在这个意义上，第二次池田勇人内阁的成立，对于自身而言应该起到使作为宪法制度的内阁被固定下来的作用。①

　　作为使这种变化成为可能的原因，在池田勇人内阁时期，宪法政治被取消，围绕资源分配展开的普通政治作为政权最重要的问题加以采用，这被认为有很大意义。池田作为自民党领导人最先接受了战后宪法，承认其正统性。如果拿他同岸信介作对比，可以将1960年作为由宪法政治向普通政治过渡的分界点。据此，对战后日本政治而言，其终于迎来了有关国家制度运用惯例得以形成的时机。特别在有关政权维持、运行以及围绕内阁的主体与章程方面形成了稳定的结构。可以说，政官关系的独立进化就此开始。

　　在这一时期普通政治的前提中，存在几个特殊的对于执政党政治家和官僚而言都较为幸运的条件。第一，高度增长的经济环境。所谓普通政治，就是在共同享有政治经济基本制度的基础上将围绕资源分配所展开的争夺作为政治中心。20世纪60年代之后，对于自民党政治而言，资源分配本身已成为从容不迫的工作。经济的高速增长一直持续，每年税收也随之自然增长。资源分配的争夺整体上已经成为积极收益游戏，这就使得每一位参加政策制定的当事人

---

① 伊藤大一「第二次池田内閣」林茂・辻清明編『日本内閣史録』（第五卷　第一法規）1981、47頁。

都能在不同程度上得到满足。

第二，普通政治具有其片面性。五五年体制由自民党和社会党两大政党构成，而社会党在 20 世纪 60 年代沉溺于宪法政治，也就是说，其满足于获得为阻止宪法修改所必需的国会 1/3 议席，而对参与普通政治没有热情。在池田谋求对保守政治进行更新换代之时，社会党则在江田三郎的领导下提出构造改革论，向普通政治领域进军；其党内原理主义左派对此进行了激烈抵抗，这也使得社会党参与普通政治的尝试于 1962 年受挫。此后，日本在政党政治框架内发生政权更迭的可能性被封印。① 政权执政党只有一个，这种无论何时该政党都会继续执政的政治环境自然而然对内阁的运用及政官关系产生了极大影响。

以上所列举的两个环境条件，对战后日本政治中内阁的运行产生了极大影响。首先，政策制定方面的积极收益游戏，意味着没有必要对政策的优先顺序进行严格的思考。随之而来的是，在这个时期的政策制定方面，日本官僚机构中传统的割据主义呈现愈加明显的态势。在这个时期，对所有政策领域进行展望并考虑国家利益等因素的操作被认为是没有必要的。如果将各省厅官僚所追求的各省利益相加，国家利益就能够实现，这种预定和谐的想法本身就是这个时期政策制定的特征。

在不可能发生政权更迭的情况下，官僚机构也不可能被注入与现政权不同的价值观。在这个时期，赋予政策体系以方向的价值观在执政党与官僚机构间的共有化取得进展。以财政盈余为前提，执政党与官僚在各个政策领域中的政策扩充、预算增加、组织及权限扩张等方面拥有基本的共同利害。换言之，执政党与官僚机构在扩大政策总量方面存在任务分担与合作，这使得两者不存在因官僚制变革、政策转换而产生对立和纠纷的可能。发挥可以跨越来自官僚的抵抗的政治领导能力从一开始就变得没有必要，这成为这个时期政策制定的特征。由于执政党被长期固定化，作为公共制度的内

---

① 石川真澄『戦後政治史』、98 頁。

阁、行政与有私人结社性质的政党间的界限变得模糊起来。这一点给政官关系的独自进化造成了深刻的影响。

前文所介绍的伊藤大一的评价，是从明治宪法体制以来的宏观历史角度出发，对日本内阁作为政治主体逐步拥有权力这一过程做出的分析。只是内阁之所以有必要对政治力量加以凝聚，是因为这是在自民党形成史中某一个阶段即会发生的现象。随着自民党的逐步稳定及国家制度运用的逐渐固定，内阁并不会成为实质的权力中心，即白芝浩所说的功能性部分；而会成为正统性的据点，作为如同白芝浩所说的尊严性部分发挥作用。

国家制度运用的基本目标可概括为官僚主导的政策制定及其持续以及由自民党进行的利益分配政治的开展这两方面。具体来说，可以发现以下特征：排除政治性要素的内阁运作，与政策制定相关的执政党和官僚之间的非正式调整，以分担管理原则和事前调节为前提的分散式政策制定。

首先，战后日本内阁缺乏政治性要素。无论如何，行政机构所掌握的政治任命职位都受到限制。在各省设置 1 名大臣，1 ~ 2 名政务次官（内阁官房则是副官房长官）。这样一来，在行政机构任职的政治家达到 30 余人。作为统率官僚组织的政治家集团，日本内阁的人数实在太少。

不仅是数量，在质量上也不能使人满意。在五五年体制得以稳定的同时，以每年一次的频率进行的内阁改造也成为惯例被固定下来。伴随着自民党政权的持续，根据当选国会议员的次数将阁员职务进行公平分配的惯例也固定下来。[1] 当选众议院议员 5 ~ 6 次、参议院议员 2 ~ 3 次即可给予初次进入内阁的机会，这成为自民党的规则。

在此，想就两院制和议会内阁制的关系进行进一步阐述。两院制和议会内阁制本来应该以微妙的关系存在。威斯敏斯特模式是以事实上的一院制为前提的。正是由于一院制的存在，内阁权力的集

---

[1]　佐藤誠三郎・松崎哲久『自民党政権』中央公論社、1986、153 – 158 頁。

中易于进行。但是，在两院制国家，上院（参议院）与下院（众议院）的权力不同，这也造成了其与内阁的紧张关系。同样，日本在战后宪法体制建立后不久，参议院便与众议院采用了不同的构成方式，其中无政党所属议员占据多数。于是，参议院在政策议论方面发挥着独立存在感。但是，与五五年体制的固定一道，政党化浪潮也涌向参议院。进而在 1956 年自民党总裁选举之际，时任石桥湛山参谋的石田博英约定从参议院选出 3 名大臣，故总裁选举获胜之后，政治家从参议院进入内阁担任大臣成为惯例。① 自那以后，参议院自民党放弃了与众议院在作用上的区别，作为政权的支持者发挥作用。在战后日本，尽管采取了两院制和议会内阁制相结合的国家体制，但并未确立议会在实际意义上对内阁的抑制、监督作用。

首相为了团结执政党，即便政策上并无必要，也会为了"人心一新"进行内阁改造，这已然成为惯例。前文所述的那些多次当选议员的政治家，由各个派阀推荐成为阁员的候选人。阁员的位置被用来满足政治家对于名誉和权力的追求欲。为了给予更多政治家公平的机会，有必要依据当选次数这一客观基准筛选合格者，并通过频繁进行内阁改造快速实现大臣轮换。这种惯用手段可以消除自民党内部在阁员人事任命上的不满，属于一种为了将名誉和权力进行公平分配的生活智慧。

（三）官僚内阁制下的政党和官僚

在日本式的内阁中，政官关系得以独自开展。为了更好地理解这一特征，本节将一边套用上一章所述的上升型、下降型两种模式，一边通过与英国内阁进行对比，尝试对日本模式予以定型。

下面将对英国的下降型模式进行简单说明。英国以议会主权为构想设计了统治机构。国家权力源于国民意志，这一点可由选举产生的议会来表明。在议会中取得多数席位的势力组建能够指导行政

---

① 石川真澄『戦後政治史』、78 頁。

机构的执行委员会，这个委员会就是内阁。作为国民代理人，执政党进入行政机构，在指挥、统率决策和行政运行方面受到期待。这样一来，除构成英国内阁会议的大臣（同日本所说的大臣一样）之外，各省设置了阁外大臣（不出席内阁会议）、副大臣、政务秘书官等政治任命职位，且执政党的议员团长（在日本相当于执政党总干事长）也成为阁员，出席内阁会议。政治任命的职位数量在 20 世纪随着时代变迁而增加，后来达 130 个。在英国，没有类似日本国家行政组织法和公务员法的法律，行政机构中哪些职位可通过政治任命确定完全交由当时的政权进行判断。一般情况下，执政党拥有 350~400 名议员，其下院议员会有 1/3 在行政机构中任职。

这样，英国议会内阁制使得政治因素在行政机构中得到了相当程度的渗透。于是，重点在于，由于政治领导人担任公共职务，其领导能力得以发挥。在英国，政官关系方面的统管、协调在上下关系中得以实现。为了辅佐大臣的领导地位，政治家团队被分派到各省。省厅内部、省厅间政策的相关调整都是执政党领导人的职责所在，由他们负责完成。所有处于政治关系网中的议案讨论、调整都与官僚没有任何关系。由于在官僚机构和包括执政党、在野党在内的政党间存在着分隔措施，故官僚与未在行政机构任职的国会议员没有直接接触。

内阁成为名副其实的权力中枢，从某个角度讲，支持这一构造的正是集权式政党结构。英国政党无论执政与否都存在明显的前排（领导部门）和后排（无职务）。前排可以进入内阁，活跃于议会和行政机构而推动国政。即便在干部及其他普通成员之间存在区别，但依然能将政党统一起来的是其所采用的集权式构造。每一个个体政治家，都是在党的公认及资金、组织方面的支持下才得以初次在选举中获胜。因此，党的威严很容易传递给每一位议员。在政策方面，由内阁提出、执政党推动的政策，在选举之时被刊登在宣言书上，从而获得国民支持，有着极强的正统性，与之相反的政策则失去了大义名分（反过来说，就未刊登于宣言书上的课题而言，因政府与执政党提出的政策鲜有人支持而引发后排造反的事件屡屡发生）。

总而言之，在英国模式中，内阁是政治思想的集合机关，以上情下达的方式进行决策，且内阁同执政党相互重叠。于是，政官关系存在于内阁与官僚组织这一正式制度的上下关系中。

与此相对，在日本上升型模式中，内阁与政党二元并立，以下情上传型的政策制定为特征。首先，作为内阁未被政治因素渗透的结果，日本政权中内阁与执政党的分离形态得以固定。日本政治中存在政务和党务这两个词语，前者是指在政府进行的管理、调整，后者则是指在执政党进行的管理、调整。承担政务的是官房长官及其他主要阁员，负责党务的是干事长、政调会会长等执政党官员。针对政策制定的调整、讨论在内阁和执政党两个空间中进行。如果将日英两国的组织结构进行模式化对比，正如图 2 - 1 所示。

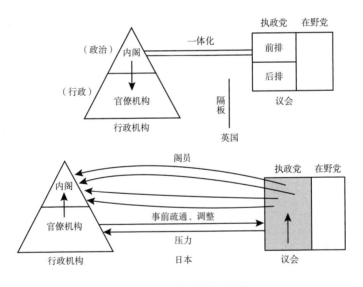

图 2 - 1　日英政官关系比较

政策制定基本由行政机构的官僚承担。法案的起草、事业的策划等由相关科级部门进行，而局内、省内则进行所谓下情上传工作。进而，省厅间协调后，最终交由内阁决定。[1] 关系到内阁会议的议案百分之百会同事务方进行协调，事前会通过事务次官会议获得理解。在这个意义上，内阁会议成为政府提案进行最终裁决的事务性礼节场所。最初，战后日本内阁中的大臣具有较强的各省最高责任人性质，与对整体国政进行集团式领导的国务大臣并没有太多相似之处；而且与当选次数相应，将大臣职位作为名誉及利益进行分配的习惯根深蒂固。大臣对自己的管辖领域没有自己的见识及政策。从刚上任时进行的记者招待会开始，大臣的活动就全部都由官僚方面事先代为准备。[2]

因而，大臣成为各省的最终利益代言人。在所有有关削减预算、组织缩编等官僚所避讳的政策问题上，大臣通常会进行辩解、反驳，认为各省应该成为此类政策的例外。提出应着手于何种政策课题这一原本属于政治领导者的任务，在日本内阁则由官僚负责。特别是为了避免以剥夺官僚既得利益为目的政策课题研究的进行，官僚在操纵大臣思想方面发挥了作用。由于这一特征，日本内阁成为各省官僚机构下情上传中上传政策思想喷涌的出口。这一点，与成为政治思想蓄水池的英国内阁形成对比。这种内阁存在方式，被松下圭一称为"官僚内阁制"。[3]

当然，既然国会掌握决定法律及预算的权力，那么国会中占多数席位的政党与行政机构间进行一些协调工作的必要性不言而喻。政府提出的政策如未在国会获得多数赞成，那么就不能以法律、预算的形式实现。因此，为了维持政权的稳定，就需要一些被定型的协调结构。与英国模式中对正式制度纵向关系的协调相比，日本则是对非正式的横向关系进行协调。

形成这种结构的最初契机是，在池田政权时期的 1962 年 2 月

---

① 这种手续被称作"禀议制"，详见西尾胜『行政学』有斐阁、2001、第 16 章。
② 在追查药害艾滋事件中发挥领导能力的菅直人，回顾其担任厚生大臣的经历，很显然，像他这样的大臣无论如何也是官僚中的特例。菅直人『大臣』岩波书店、1998、とくに74－78 頁。
③ 松下圭一『政治・行政の考え方』岩波书店、1998、65－78 頁。

23 日，时任自民党总务会长的赤城宗德向政府（内阁官房长官大平正芳）递交了文件，"在提出法案的情况下，希望在内阁会议做出决定之前同总务会进行联络"。当时，内阁与执政党并未确立稳定关系，出现过政府提出的法案在国会遭到执政党反对的案例。为了使法案顺利通过，法案提交至国会后，执政党的一致赞成是必不可少的。在此，引入了与日常性事务相关的自民党最高决策机构——总务会予以理解这一程序。总务会的决策作为惯例由全会一致执行。如得到总务会的谅解，那么受到党内决议约束，执政党议员不得不对政府提出的法案表示赞成。一般认为，当时自民党的目的在于通过设置总务会事前沟通这一关卡，使得政府提出的法案能最大限度地反映自民党政治家的影响力。

对政府而言，将与执政党的合作关系落实到常态化制度当中也有利可图。20 世纪 60 年代是日本经济开始高速增长的时代，伴随着社会、经济发展和城市化取得进展等巨大的环境变化，政府的任务也迅速增加。为此，有必要在各领域制定新规，开展事业。为了提高立法效率，需要建立一种一旦政府提出的法案呈交国会，执政党旋即原封不动地予以快速通过的稳定体制。在此意义上，对政府而言，执政党事前审查所带来的党内决议约束这一保障，也是对自己有益的结构。这样一来，作为政府与执政党机关间的非正式合作，开始了政府与执政党的调节工作。

自民党总务会是其最终决策机关，全会一致通过的决策，按照惯例也意味着不能进行实质意义上的讨论。总务会的决策是一种仪式，其在一定程度上阻止争论，确定党的思想。但是，也需要一个能够进行实质性讨论，从而使执政党的希望和要求能够在法案和事业中反映的场合。这个场合就是政务调查会（以下简称"政调"）的内部会议。

政务调查会是自民党的政策审议机关，其与中央省厅的专业分化相对应，分为不同的部门会议。对政府提出的法案进行实质性的事前审查就是在部门会议中进行的。对于特别重要的议案，也会设置特定的调查会。调查会中有像税制调查会和道路调查会一样的常设机关，也有与特定课题相对应的临时机关。如果政调部门会议形成统一意见，政调全体会议（政调审议会）、总务会则会进行礼节性的追认。

对自民党而言，政调部门会议是党对政策施加影响力最为有效的机关。随着自民党政权长期执政，政治家也长期分属于与各种关心及利害相对应的特定部门会议中，吸收了政策制定的技巧。如此产生的专业政治家就是族议员①。面对一手承担部门会议讨论的强有力族议员，官僚也自愧不如，因而在政策制定方面也经常与其商议。进而，围绕政策产生的纷争进行最终裁决的实力派政治家由此产生。

（四）族议员政治与政官关系

在自民党平行于官僚机构的专业分工中，就各个政策问题而言，自民党的力量最后集中于干部族议员身上。可以说，实力派族议员作为在议会中占多数席位的执政党的代言人，已经在形式上掌握选择权，即是否让执政党就某一事宜达成一致。因此，政策制定中政官关系的变化得以完成。从某种意义上讲，对于单纯的官僚支配模式不适用于由族议员主导的政策制定过程的指摘有一定的道理。② 以国会在法案、预算审议相关制度上拥有的决定权为背景，族议员对官僚的影响力的确有所提高。

但是，族议员势力变大这一现象对官僚而言并无不妥之处。政调部门会议体制的确立，意味着位于霞关的官僚机构平移到位于永田町的自民党本部。对于官僚而言，为了追求自身权益也可以在自民党建立一个桥头堡。

特别是这一结构得以确立的 20 世纪 60 年代，正如多次说到的那样，是经济高速增长期，同时也是政策向各个领域扩充的时代。在这样的环境下，官僚同族议员不存在对立关系，二者享有共同利

---

① 指作为特定领域利益的代言人，在相关省厅的政策制定及权力行使过程中具有极大影响力的国会议员。——译者注
② 村松岐夫『戦後日本の官僚制』東洋経済新報社、1981、第四章、とくに162 - 164 頁。

害，是以追求种种利益为目的而相互利用、合作的关系。官僚提出想法，推进政策、事业的计划，而族议员整合执政党，担负起为使各种政策顺利具体化为法律、预算而奔走的任务。在政策具体实施之时就必要情报、在哪一地域谁有政策需求向官僚做出指示也是族议员的工作。这一点通过陈情的方式实现。这样的网状组织被称作"政策共同体"。

法案形成的过程可概括如下。法案的主管行政组织（中央省厅的科一级，这样的科在机关用语中被称为"原科"）应执政党议员的要求，将掌握资料的官僚派往自民党政调部门会议的会场及议员会馆中政治家的单间，反复"为您说明"。与对象政治家的身份高低相对应，被派遣的官僚从局长到科长助理不等。在官僚到处进行事前疏通的同时，政调部门会议的讨论也在顺利进行，取得了执政党的理解。其中，虽然也有传唤官僚进行胡乱斥责的无礼政治家，但即便是这样的政治家，只要给予补助金、公共事业等"特产"，也有容易被笼络的一面。进一步说，如果在平日就对名声显赫的政治家加以拉拢，那么他们在执政党政策讨论之时就会成为官僚值得信赖的盟友，在争取预算和减少缩编之时发挥作用。

这样，在日本内阁与执政党之间，存在着犹如地下根茎般相互依存、合作的关系。支撑这种相互依存关系的主要因素是为政党与官僚间的联系充当媒介的前官僚议员。英国有官僚不能成为政治家的不成文规定，与之相反，战后日本官僚成为自民党政治家的来源。在这种现象中绝对不能忽视参议院的存在。在曾经的参议院全国选区，即现在的比例代表选区中，肯定有各省厅的原官僚成为候选人，其由于获得了相关业界的团体票支持而得以确保议席。形成了农业协同组合与土地改良区支持农林省原官僚议员，建筑业界支持建设省原官僚议员的局面。[①] 如此被选出的参议院议员成为各个

---

① 关于这种收集选票体系的实际状态，参见広瀬道貞『補助金と政権党』朝日新聞社、1981。非常明显的确凿证据是，在率先发放土地改良工作补助金的地区，农林省原官僚候选人的得票数明显较多。

领域族议员的同类。在自民党同省厅间的协调难以进行之时，由原官僚议员进行最后协调的秩序安排存在于各个领域。从这个意义上看，参议院绝对不会成为无用之物。虽然从表面上看与原本的两院制理念不同，但参议院成为自民党和官僚组织间的连接媒介，作为政策共同体的牵头人发挥其功能。

执政党与官僚的合作关系，其采用的地下根茎般的网状组织形态给予政策制定各种各样的影响。

这种网状组织给政治家和官僚带来的有利之处可以总结如下。对于官僚而言，族议员起到传达各地政策需求的网络组织作用。对于除大藏（财务）省之外的各省厅，拟定新规政策、获得预算是最为重要的课题。在这一点上，族议员向其传达了有效情报，为其获得预算提供帮助，成为官僚扩展业务、权限不可或缺的支援团体。对政治家而言，由于同官僚构筑了长期稳定的相互依存关系，其得到了可以继续对自己的支持基地进行利益分配这一巨大的好处。在 20 世纪 80 年代，当时最大的派阀——田中派（竹下派）被称为"综合医院"。这是由于该派阀具有能够回应各种政策需要的能力。这样的能力，正是因为存在族议员同官僚的密切网状组织才成为可能。

同时，这种类似地下根茎的网状组织也存在一定弊端。第一，权力与责任的背离。在前文说明的政策制定结构中，自民党政调会所做出的决定有着极为重要的意义。政府提出的法案及预算在上呈国会之后，如果有党内决议约束作为前提，那么围绕政策进行的讨论就成了看得见结论的仪式。政调会尤其是部门会议的决策有着实质性决策的含义。但是，自民党在法律上只是无权利能力的社团，其政党活动作为私人自治范畴而被放任自流。这就是权力同责任背离的原因。想要获得政策利益的个人在向自民党政治家提供金钱、物品的情况下，即使国会议员属于特别职务的国家公务员，由于政党活动属于私人自治范畴，其行为并不与刑法中的公务员渎职条款相抵触。正如同在实质意义上的总理大臣选举——自民党总裁选举中，无论动用多少金钱也无法适用于刑法中收受贿赂的相关条款。

这就是腐败合法化的原因所在。地下根茎网络组织的活动过程极不透明，不可能从外部对其进行查验。于是，在这种不透明的阴影中，政策利益分配同资金提供形成的交换变得平常起来。权力与责任相背离的现象在内阁具体表现为内阁与执政党既分离又并行的局面。

第二，依照少数决定结构进行的权力寻租横行。所谓租金是指通过对市场进行政策介入给供给者（生产者）带来的超额利益。补助金及税金的减免是最为显而易见的例子。竞争依规定被制止，结果导致本来应该由市场竞争来决定的价格却被暗箱控制在高点，供给者因此而获得的超额利益亦转化为租金。租金由纳税人及消费者等不特定多数人群提供。本来，如按多数人决定的原理运作，遭受租金损失的多数人应当能够决定废除这种政策；但是，实际上各个领域的租金得以存续。可以说地下根茎网络组织在创设、维持租金方面起到极大作用。

这个网络组织存在于规模相对较小的封闭空间内。政调部门会议的参会人数为 30 名左右，一手处理特别讨论的实力派干部仅有5 人左右。与此对应的机关官僚，同干部族议员形成了封闭的政策共同体，政策制定在此被全权处理。虽然执政党的国会议员数量可达 400 人以上（参众两院相加），但具体政策的形成则仅由数名至30 名的族议员分别承担；也正是因为这样，即使政策团体的主角相对于整个社会而言只是少数，其也能够在相关领域对政策施加压倒性影响。各个领域的族议员依据互不干涉原则进行活动，在某一部门会议统一起来的政策在全体讨论时不会被推翻。

另一个大问题是自民党自身的决策能力的下降。官僚密切参与自民党的日常政策协调，从下方对协调予以支撑，这就意味着自民党依靠自身力量进行政策制定、决策的能力未得到充分锻炼。就常规利益分配而言，不需要决策等能力的场合占大多数。但是，屡屡出现在跨省厅课题引发组织间利害对立及冲突，抑或是有必要对官僚自身既得利益进行削减等情况下，执政党不得不做出政治上的决断。然而，官僚机构中的割据主义也平移到自民党，从而使政策决议陷入僵局。从 20 世纪 70 年代至 80 年代，连续侵扰日本的开放市场、放宽限制问题等就是由上述问题引发的典型事件。

自民党在日常政策制定中的官僚依存性质已成定论，也成为其决策能力下降的原因之一；而且，自民党除了保住政权之外没有具体的共同政策，这也成为其难以进行决策的原因。作为政党，如果明确了最应优先强调的理念，就有可能解决利害纷争。然而，在各种不同价值观对立的情况下，并没有一个可以超越它们的绝对权威存在，这样一来，决策就会麻痹。这样不完全的决策，在围绕经济摩擦的国际交涉和国内调整中屡屡出现。

日本内阁体系中的政官关系网状组织，虽存在这些缺陷，但自 20 世纪 60 年代至 80 年代人们对其的关心程度并未因此而提高。进入 20 世纪 90 年代，这种结构的弊端开始暴露，由此引发的关于对其的改革逐渐被论及，本书将另设一章予以详细说明。

第三章　内阁制度的争论

一　议会内阁制相关改革的逻辑与试行

（一）内阁制度改革论的谱系

不言而喻，在各个时代日本都不乏对内阁现状的批判及改革的建议。若将针对日本内阁制度进行批判的争论加以总结，可汇总为以下论点。

第一，批判内阁未能发挥其应有的领导及调节功能。究其原因主要是行政机构官僚的反抗及执政党的反抗这两点。这一问题是从前文中已经说明的日本模式内阁的运作派生而来。内阁与执政党被分离开来，同时又对各方面的政策进行调节工作。两个体系所进行的调节工作并不能保证其一致性，这就引起了内阁路线与执政党路线的龃龉。

同时，日本行政机构所采取的是分担管理原则。在这一原则中，行政权力的行使主体是各省大臣，且在行政机构中，政治性要素被排除在外，大臣处于孤立状态。在分担管理原则和排除政治因素的双重作用下，最终导致各省官僚组织犹如独立王国一样行动。即使在分担管理原则下，若内阁作为国政最高领导机关拥有实力，各省大臣则成为独立行政性主体的话，也可能实现从国政全局出发考虑各省政策，并依据大臣的领导力进行决策。但是，日本内阁并不具备这样的政治实力。就这一点而言，有批评认为其来自议会内阁制度本身。

第二，批判由执政党国会议员决定首相人选的制度造成了党内人事任命背离民意。自民党建立以来，直接选定首相人选的总裁选举经常被媒体批判为无政策可言的金权选举。话虽如此，在池田、佐藤两个政权的时期，大派阀的领导凭借一己之力赢得总裁选举，从自民党的最大实权派变成内阁最高权力者的意义上看，权力也是有明确落脚点的。但是，在通常所说的"三角大福"① 时期之后，特别是当时最大派阀的领导田中角荣因资金来源事件、洛克希德事件②退出政治舞台之后，内阁的运作变得极为扭曲。从 20 世纪 70 年代中期到 1992 年竹下派分裂期间，自民党中田中派（后来的竹下派）作为最大派阀称霸一时，党内形成了以其为中心而与其他派阀联合而成的多数派势力，支持总裁、总理的构造得以固定下来。可以说，派阀联合的中心派阀处于稳定状态，则总裁、总理人选就根据这一派阀的意图决定。

在 1978 年的自民党总裁选举中，田中派对大平正芳予以全面支持，使大平在一般党员参加的预备选举中获得压倒性胜利，从而击败了时任总理、总裁的福田赳夫，这也使前述所说的构造开始运行。在中曾根政权时代，田中派发生分裂，大部分成员转向竹下派。中曾根政权下台后，竹下派亦作为中心派阀在总裁选举中发挥了极大作用。1991 年海部政权下台之际，已经达到当时的竹下派事务总长小泽一郎将总裁候选人召集到其派阀办事处，与他们进行"会面"的程度。③

这样的构造被称为"双重权力构造"。意味着中心派阀的实质领导并不担任（不被选为）总裁、总理，而是作为操纵选举的实力派人物拥有极大的影响力。在如此构造中产生的首相自然在与国民的关系中不具正统性。在执政党中也有轻视首相的势力，首相也就无法对执政党发挥其领导力。在这样的构造中，政策由以族议员为主体的政官联合体进行调节，并依此进行决策，且整个政权运营

---

① 即三木武夫、田中角荣、大平正芳、福田赳夫。——译者注
② 指美国洛克希德公司为出售飞机向日本政界行贿的事件。——译者注
③ 作为传达此时政治氛围的珍贵资料，参见いしいひさいち『永田町三町目の夕日』双葉社、2006、79 - 81 頁。

都是以最大派阀为中心、以其政治家的调节为准被全权处理。

在目睹这种政治状况之后，国民对这种与自身意愿无关，视自民党情况而定的首相更替模式的不满情绪有所增强。日本首相软弱无力这种普遍想法在那个时代进一步高涨，这与首相由执政党多数人决定的议会内阁制的受挫有关。

（二）第一次临时行政调查会的内阁改革论

对于内阁制度的改革议论，按时间先后顺序，首先列举第一次临时行政调查会的改革意见（1964 年），这个行政调查会成立于池田勇人内阁时期的 1961 年。第一次临时行政调查会是日本战后首次设立的体系性、综合性行政改革审议机关，被评价为对日本内阁制度运作所存在的问题点进行了迅速而又极为确切的综合性分析。

首先，对于日本内阁存在的问题，列举了以下三点。第一，因国务大臣兼任行政长官而导致的综合调整功能欠缺。阁员对于国政的讨论并不是高瞻远瞩的，而是基于各省利害的主张，内阁的调节功能并未起到作用。第二，执政党自身调节能力的缺乏在内阁中反映出来。进一步说，执政党与行政机构的衔接工作也没有统一到内阁；由于执政党政务调查会的部门会议等与各省直接接触，所以内阁的调节功能进一步受阻。第三，行政部门内部的割据性妨碍了行政的统一。缺乏跨省厅人事交流，各省与关联业界、相关团体相互纠缠，这使得其割据性进一步加深。

然后，列举下列六项对策。

①对国务大臣的人选做到适才而用，从而提高内阁的总体管理能力。

②国务大臣应在任职期间尽快改善当下状况，本人应精通行政。

③将依据内阁法第九条设立的内阁总理大臣临时代理之职变为副总理级常设职务，其应与总理大臣保持一致。

④为使内阁会议的综合调整功能发挥效果，应进一步强化作为内阁会议分会的"涉事阁员会议"的作用。

⑤为充实内阁的辅佐机关，设立以内阁总理大臣为首的内阁府，并设内阁辅佐官一职。

⑥改善预算编制的相关制度及其运作，寻求使内阁可以充分确保预算所具有的政策决心及综合调整功能的方法。

事后重新审视，发现第一次临调会的建议可算得上领先此后内阁制度改革要点的真知灼见。

第一次临调会在综合调整中也对预算编制功能的状况予以重视。此前在日本，大藏省的预算调配权限本与内阁为决定预算而进行的准备和评价工作无关。但由于内阁调节能力的不足，大藏省事实上掌握了预算编制的主导权。当时日本正处于经济高速发展时期，税收的自然增长得以充分实现，由于各省厅为获得资金增量展开争夺，手握分配大权的大藏省的权力也更加强大。第一次临调会指出，大藏省通过预算编制达到对行政进行整体调节的效果，而这正是问题所在。

对于将预算编制权限由大藏省转交给内阁的这一构想虽然进行了行政劝告，但并未付诸实践。提案中，大藏省的上述作用得以继续保留，同时，在内阁设置辅佐官，其主要负责完成预算编制方针、决定针对新规和重要事项的大致预算、在各省与大藏省意见不合时进行调节等、主导预算编制中的调节工作。

与此同时，为强化内阁的综合调整功能，也提出了设立内阁府，并在其下辖范围内设立经济企划厅、内阁法制局、总务厅（由当时的总理府总部及行政管理厅等合并而成）、综合开发厅（由当时的北海道开发厅及国土整备相关机关合并而成）。

第一次临调会的行政改革讨论与经济高速发展相重合，在税收自然增长不断扩大和各种行政服务扩张的大潮中，行政改革并未受到足够关注。且改革意见的提出是在 1964 年 9 月这一时间点，恰逢时任首相池田勇人因病入院。紧接着，池田隐退，同年 11 月佐藤荣作接任首相。此后不久池田病逝。因此，煞费苦心的改革意见也变得无人问津。一般认为，佐藤一味将池田视为政敌，并无意实现其留下的行政改革构想。这就导致针对内阁制度的行政改革并未付诸实践。

在 20 世纪 60 年代至 70 年代的经济高速发展时期，内阁本身并没有必要作为实质性权力主体采取积极行动。政治家对于这样的话题也并不关心。这个时期的预算编制是一种积极收益游戏。受惠于充足的税收自然增长，各省厅得以顺利增加各自预算，从而扩展自身政策及组织。此时并不存在资源受限时的综合性调节等问题，且当时对日本出口极为有利的 1 美元对 360 日元的汇率虽得以固定，但国际社会对此并未表示不满与批判。在对外关系方面，日本也没有后顾之忧，政治家也好，官僚也罢，只需在一心一意完成国内政策这种幸福状态下展开行动。在这个意义上，政府的控制塔也变得没有必要。

二　首相公选论

（一）　首相公选论的谱系

以修正日本式内阁制度弊端为目的进行讨论，首相公选论屡屡引起人们的注意。首相公选制度的具体解读因人而异。① 这种议论并不以具体的制度设计为重点，这里所说的对执政党背离民意有所失望的表现，不得不说是具有政治意义的。

有一种提案是以自民党掌握政权为前提，建议由除国会议员之外的一般党员进行总裁——首相候选人的选举。这一提案从 20 世纪 70 年代中期三木武夫内阁时期开始讨论，自 1979 年自民党总裁选举起开始实施。只有在洛克希德事件发生之后，自民党内部派阀斗争呈白热化趋势的这个时期，才能在提倡政党改革的三木武夫领导下推进总裁选举的开放。就这样，应该说自民党的总裁选举条例的确受到首相公选论的影响。如果仅仅从政党改革的脉络上议论首

---

① 关于首相公选论的相关文献，参见大石真・久保文明・佐々木毅・山口二郎『首相公選を考える——その可能性と問題点』中央公論社、2002、201－205 頁。

相公选论的话，那么关于改变国家制度这种重大问题的探讨将无法展开。

首相公选论中也有认为总理大臣应由公民直选产生的提案。暂且不论名称，其实质就是以引入美国式总统制度为目的。首相的选出从由国会指名变为由国民直接选举产生，为了实行这一制度变更，修改宪法成为不可或缺的条件。20 世纪 60 年代前期被提出的首相公选论，似乎有打开修宪突破口的政治企图。中曾根康弘当时提倡首相公选论有其特殊背景，即其怀有以在修宪方面设置导火线作为应对派阀斗争的迂回战术而为其获得首相宝座开辟道路这种现实意图。① 同时，进入 20 世纪 90 年代，从政治改革的脉络上看，打破派阀政治、扩大国民参政范围的观点受到人们的关注。特别是在采取与总统制相同制度的日本地方自治体进入 90 年代后，知事、市长的活跃变得引人注目。以由居民直接选出这种权威和正统性为背景，知事、市长得以对官僚机构和议会发挥其强大的领导才能。从推进改革的事例来看，要求在国政级别采用相同制度的呼声高涨。

首相公选论一般来说并不是十分成熟的讨论。问题之一是其与天皇制的关系。国政最高领导人由国民直接选举产生，这就意味着其拥有极强的正统性，其在实质意义上成为与美国总统一样的实体也是无法回避的事实，且如果没有这样的权威性，首相公选制度也会变得毫无意义。要是那样的话，就会使"未来岂不是不再需要作为政治性权威的天皇"这种担心日趋明显。假如以像法国、德国那样对作为元首的总统进行公选，再由总统任命首相这一形式为目标的话，则会产生与象征天皇制发生矛盾的问题。

作为与民主主义相关的更为实质性的问题，首相公选论被指出会导致出现分割式政府的可能性变得常态化。也就是说，在公选制度下，无法保证国民选出的首相与议会多数派相一致，而这种现象在美国总统制中屡见不鲜。因此，有必要对在行政机构领导与议会

---

① 中曽根康弘「首相公選論の提唱」弘文堂編集部『いま、「首相公選」を考える』弘文堂、2001。

之间意见不一的情况下如何进行决策做出周密的制度设计。美国宪法中，在总统与议会之间，就总统的否决权和议会对总统的弹劾等做出了详细规定。日本在引入首相公选制度的情况下，公选首相是否拥有解散议会的权力，议会是否可以对公选首相表示不信任，公选首相是否有权否决议会做出的立法和预算决议等一系列问题都是极为关键的论点所在。在这些问题上，不得不对首相公选论进行充分讨论。

正如前文所述，首相公选论的提案是对日本式的议会内阁制运用感到失望的表现。日本内阁制度的问题不在于内阁制度本身，而在于自民党这一政党的问题以及官僚机构的缺陷。若再次对其进行整理，可总结如下。

在自民党方面，将中选举区制度、没有基本共同政策的权利共同体性质、派阀联邦制体制、内阁与执政党的二元构造、政党运营中的某种平等主义及缺乏政权更迭这几点相结合，就形成了日本式的内阁制度运作。

自民党政治家的行动以中选举区制度为基础。在这种构造下，自民党公认的候选人之间围绕议席展开竞争，这一点不言而喻。自民党的公认对于选举来讲当然有着重要意义，但也仅停留在精神层面的支持。政治家赢得选举所必不可少的组织和资金，基本上是由本人自行筹措。反过来说，正因为有独自赢得选举的政治家，才有政党无法对政治家进行统管和管理的一面，且这一点与自民党内的某种平等主义文化相结合。自民党内不存在像英国那样明显的前排与后排之分，以当选次数为依据在党内和内阁任职的某种平等主义已经被固定下来。也正是由于存在各政治家凭借一己之力在选举中获胜的背景，政治家之间才可能建立起某种对等关系。

派阀与中选举区制度紧密结合。由于同一选区中有多位自民党候选人相互竞争，故派阀的援助对象是政治家。自民党的性质与由派系组成的联邦制国家类似。特别是围绕总裁人选及组阁等人事任命，派阀成为人事斗争的基本单位。

在中选举区制度下，选举之时，比起首相和政权的形象，每个候选人的力量才是分出胜败的重要因素。因此，领导和政权的基本政策能否得到国民支持，对于政治家而言是一个具有双重含义的问题。自民党的人事活动和政策与国民舆论相背离，即便一时间引起人们的反感，也不会立刻对下次选举中政治家的政治生命产生直接影响。自民党内部人事活动之所以可能有违民意，正是由于存在这样的政治环境。

自民党这一政党，其存在的最大理由就是对政权的占有。对于每个政治家而言，其最重要的工作是对支持者和地方进行利益分配。并不存在解决政策纷争这一明确理念，聚集在内阁的只是形式上的领导，他们通常并没有实质性的权力与权威。

在自民党内，权力与责任之所在就是这样模棱两可，作为公开制度中的权力中枢，内阁也并不一定成为权力的中心。执政党在其封闭空间内对人事及政策进行实质性的决策，这种屡次违背民意的做法使国民对内阁制度感到失望。另外，不存在实质性政权更迭的可能性以及自民党政治家对于违背民意感觉迟钝都是重要因素。

在官僚机构中，分担管理原则和事前疏通式的政策形成都会成为内阁综合调整功能的障碍。也就是说，在各省利益总和即为国家利益的乐观前提下，各省（省内局、科）作为基本单位推进政策的形成。以自民党某种平等主义式的人事活动为基础，官僚组织把大臣作为本省利益拥护者加以驱使。而且，自民党的政策审议机构被殖民地化，呈现出仅仅反映各省分工的状态。在官僚组织与自民党的非正式调节中，官僚组织对自民党的政策性思想形成进行了深入参与，为实现自身意图而成为自民党政策制定系统的一部分。内阁由于受到如此专业分化的渗透，其综合性思想决策功能和领导权均未得到充分发挥。这样一来，针对首相领导力有限和内阁综合调整功能不足的批判一直在舆论界暗流涌动。

（二）小泉政权与"思考首相公选恳谈会"

前文总结了日本内阁在政治、行政方面软弱的原因。不过，以所谓不断增长的经济发展为前提，事前疏通式的政策形成并未暴露太大弊端，在这期间，对内阁软弱性的不满也同样并未过多显现。但是，进入 20 世纪 90 年代，以这些政治、行政因素的迅速变化为开端，围绕内阁的议论逐渐增多，也需要实现这一重要制度改革。制度本身如下文将要叙述的那样，在桥本龙太郎政权时期的行政改革下发生了相当程度的变化。

进而，在小泉纯一郎政权时期，与日本内阁制度运作相关的问题迅速浮现在人们面前，其运作也发生了较大变化。在归纳此类认识并思考内阁运作的未来方向方面，充当重要角色的就是小泉首相就任后不久设置的"思考首相公选恳谈会"。作为参加该会的委员，笔者本人或许难以对其进行客观评价，却知道一些相关内幕。

该恳谈会于 2001 年夏天成立，次年 8 月提交报告书。报告中提出了三种方案：方案一，向美国式的总统制过渡；方案二，一方面保留议会内阁制的框架，另一方面以强化民意与国政的直接关系为目的，进行包括修改宪法在内的制度改革；方案三，以现行议会内阁制为前提，继续寻求对其运作加以改善。

该恳谈会会长由（时任）东京大学校长佐佐木毅担任。政治学、公法学领域的委员有大石真、久保文明及笔者本人三位。该学者委员会成员共同关心的问题是：要想实现构筑强有力、稳定的权力基础，继续确保国政顺利、有效地开展，同时在政治上对国民负责并保证其公开性，应该需要怎样的制度。恳谈会报告书提交后，在以学者委员会为中心编写的《思考首相公选》（中公新书，2002年）一书中收录了佐佐木先生的《首相公选制论与现代日本政治》。上述被关注的问题在该书中均得到系统性表述。

首先，就方案一、方案二来说，虽然两种制度设计的基本思想存在不同，但其共同点在于都试图强化首相权限，考虑了首相地位及任期的稳定性，有意识地强调首相相对于国会的独立性。究其原因，这两种方案都以在稳定状态下实现统治活动，防止政策过于零碎及明确对于国民的责任所在为目标。强化首相权限这一问题常常与独裁及权力失控的质疑相纠缠；相比强化首相权限，在战后日本，那种凡事都以监督为重点的讨论更为盛行。但是，佐佐木认为这种将监督作为着力点的讨论，"虽然在相互阻止失控方面收到效果，但无法期待在这种条件下能够使权力的作用得到积极有效的发挥。也就是说，创设重视监督的结构在这个意义上带有'保守'性质"。

佐佐木的见解是恳谈会学者委员的共识，其根本在于存在这样一种情况，即人们对"失去的十年"的政治责任有着共通的感觉。泡沫经济崩溃后，经济的低迷贯穿整个 20 世纪 90 年代，这个时期也因此被称为"失去的十年"。之所以导致这样的停滞，政治、行政领域也有责任。针对不良债权的处理及产业结构调整，未能迅速制定切实政策并付诸实施，这是失去 90 年代的一大原因。我们一致认为，自民党也好、官僚机构也好，有着各种各样的既得利益。为了保持这种利益，政治家和官僚形成"否决权"（否决权集团）阻碍政策的转换。虽然为了引起必要的政策转变而寻求领导权，但是官僚机构和政党都较为分散，其权力之所在并不明确。因此，有必要通过对统治机构的重新探讨，将权力进行集中，构筑一种能迅速制定有效政策并付诸实施的体制，这一认识成为探讨首相公选制的前提。笔者希望在达到改变议会内阁制运作这一目的的同时不伴有大规模的宪法修改等制度变化。本着这样的立场，笔者起草了三号方案，无论如何，大家在确保权力的集中使权力得到积极运用方面有着方向性共识。

所谓改革往往有着多重意义。像小泉政权那样，政策转换也以强化军事力量和贯彻小政府理念为方向。为了阻止这种动向，也有人提出在统治机构中加入各种阻拦措施的想法。[①] 但是，为了实现地方分权、社会保障制度扩充等革新势力一直以来追求的理念，就必须有权力集中基础上的强大领导力。通常以加入阻拦措施为意向的制度设计都无法解决这些问题。一直以来以监督为优先的制度理

---

① 与这一点相关，高桥和之提出了"抵抗宪法学"和"制度宪法学"两个概念。前者是对将要进行的破坏民主主义和修改宪法行为加以抵抗的学术理论，成为战后宪法学的主流。后者认为权力作为我们的物品而被接受，为了行使权力而构想制度及其运用方式。同时，随着宪法体制的确立，制度宪法学也逐渐发展。高橋「補論『戦後憲法学』雑感」『現代立憲主義の制度構想』有斐閣、2006、15-19 頁。

论不言自明都是以所谓自民党一党独大为前提的，其展开也是在政权将一定的政策作为志向的前提之下进行的。然而，这种政策与改革论者的理念截然相反。改革论者是否对这样的情况加以自觉理解另当别论，但这至少成为自民党心知肚明的前提。

三　宪法学上内阁论的变化

（一）传统宪法学与议会内阁制

1. 权力分立的解释

在传统宪法学中，对议会内阁制的解释、运用都是以权力分立原理为大前提的。国会通过指名内阁总理大臣建立其行政权这一见解并不是宪法学的主流。这一点清楚地反映在围绕宪法第四十一条"国会是最高国家权力机关"这一规定的解释之中。国会（立法机关）是与其他两权同等的权力机关，如果从这种狭义的权力分立论角度来看，宪法四十一条的"最高国家权力机关"这一表述就没有实质性意义可言，而且，这样一来，宪法第四十一条将与权力分立原理发生矛盾。国会还拥有决定行政权最高领导人的权限。事实上，如果对国会多数派可以行使立法和行政两种权力的这种议会内阁制运用加以正视，那么宪法第四十一条就有了实质性意义。

在目前最权威的宪法学教科书——芦部信喜所著的《宪法》中，对这种表述进行了如下解释。

"最高国家权力机关"是给予国会的政治性美称，强调国会由国家主权拥有者——国民直接选拔任命，在这一点上国会与国民紧密相连。同时国会还拥有宪法赋予的立法权等重要权能，它是占据中心地位的国政机关。由于国会既不是主权者，也不是总揽统治大权者，所以从其受到内阁解散权和法院违宪立法审查权制约的事实考虑的话，无法从法律角度做出国会是拥有最高决定权及总括整体国政这一权能机关的解释。①

芦部信喜就是如此解读传统"政治性美称论"的。之所以产生这样的宪法解释，是由于其站在比国民自己决定、自己统治的民主主义理念更为重视权力分立的立场。芦部信喜对作为近代宪法原理的权力分立做出如下解释。所谓三权分立就是担心权力集中于单一国家机关而遭到滥用，以至于威胁国民的权利及自由，故而将国家的功能"区分"为立法、行政、司法，由不同的机关承担这些功能以使其"分离"，并保持它们相互"制约和平衡"。这一目标保护了国民的权利、自由，权力分立就是"自由主义式的政治组织原理"。②

在宪法学者中，也有人对宪法第四十一条进行了更为积极的解释。小林直树所提倡的"综合调整论"就是其代表。小林认为，从国会直接代表主权者——国民这一点上来看，在最初的设定中，国会就处于相对的最高地位，与权力分立制并不矛盾。于是，国会不仅对立法，对于国政相关事务也拥有综合调整权，就这一点而言国会比其他机关拥有更广的职能范围，有着其他机关所不具备的特征，这样才能发现宪法四十一条"最高国家权力机关"的意义所在。③ 但是，这种学说也是以国会不具备对行政机构的上下级指挥命令关系为共通前提的，不得不说其与排除论并无本质区别。

当然，芦部信喜也认识到议会内阁制的周边大环境已然发生变化。第一，伴随着20世纪提出的成为积极国家这一要求，行政国家现象得到进一步发展。具体表现为政府的职能范围有所扩大，政府逐渐成为对政策进行实质性制定并付诸实施的行政机构，其实力也有所扩大。第二，"政党国家"现象也日渐显著，即实际推动国会运作的政党职能得以扩大，政党扮演了事实上主导国家思想形成

---

① 芦部信喜『憲法』（第三版）、岩波書店、2002、269 頁。
② 芦部信喜『憲法』、261 頁。
③ 小林直樹『憲法講義』（下）、東京大学出版会、1973、547 – 549 頁。

的角色。这样一来，传统的政府与议会关系就会朝着政府、执政党和在野党间的对抗关系发生功能性变化，这也正是议会主义再生所希望的。第三，由法院行使的违宪审查制得以导入，司法权控制国会、政府活动的"司法国家"现象也取得进展。在这种情况下，就产生了再次对权力分立的现实状况加以探讨的必要。即便在新环境中，维持保障人权这一权力分立制的根本思想，防止国家权力骤然增强仍十分重要。①

2. 宪法学视角下的议会内阁制的本质

芦部信喜将议会（立法）和政府（行政）大致分立、政府对议会（两院制下则主要是众议院）负有连带责任这两点列为议会内阁制的本质要素。其旨在说明内阁并不只是议会的附属机关，同时内阁与议会也不像在美国总统制中那样泾渭分明。然后，关于议会内阁制他列举了两种类型，二者都最为重视以议会为基础的内阁民主性统管。一种是像英国古典内阁制度那样，内阁拥有解散权，议会与内阁保持均衡的类型；另一种则是像法兰西第三、第四共和制那样，解散权不会被行使的类型。

以上述整理为基础，就日本的议会内阁制而言，宪法上并未明确指出其选择的是重视均衡的英国模式，还是重视民主统管的法国模式。从内阁可以自由解散议会的角度来看是均衡型，从解散议会只能在宪法第六十九条不信任决议的基础上方能实施的角度来看，又是民主统管型。

实际上，在战后宪法中，基于宪法第七条内阁可以自由解散议会的规定，芦部信喜所说的法国模式应该并不成立。但是，芦部所认为的英国式议会内阁制重视均衡的说法与现实也有一定距离。正如之前基于白芝浩的古典解说所进行的说明那样，即使在英国议会内阁制中，议会多数派与内阁领导集体也出现了一体化。在议会多数派垮台，国政无法稳定运行的情况下，也会为了渡过难关而解散议会。但是，这种事态只是例外。内阁会在最有利于执政党的时机

---

① 芦部信喜『憲法』、263 頁。

解散议会。也就是说，在通常状态下，解散议会是为了使执政党能继续执政。因此，认为解散是内阁与议会之间抑制均衡的手段，这种看法在现实中无法得到说明。

当然，芦部信喜也知道在现代国家中议会内阁制所发生的变化。他的相关表述如下：

> 古典英国模式所重视的均衡有其必要条件，也可以说有其坚持的原则，实际上这种原则是指君主权力的名义化，也就是行政权的一元化，这种一元化随着两大政党制的确立走向崩溃，变成了一种被称作"内阁制政府"的形式，这种形式以多数派政党为基础，使其在内阁拥有优势地位。在没有发生政权更迭的自民党支配体制时期，日本的议会内阁制度实质上与其并无二致。①

传统宪法学所关心的并不是弄清现实的运用，而总是以通过权力分立框架对政府权力进行牵制、检查的视角考察内阁与议会的关系。作为形成这种视角的主要原因，笔者想指出传统宪法学中"行政"这一定义的重要性。宪法第六十五条规定"行政权隶属于内阁"，而传统宪法解释中将行政权定义为"所有国家功能中除去立法和司法功能之外的部分"，也就是所谓的排除论，这一定义非常消极。为了使之与行政国家、福利国家的现状相吻合，也有"以积极实现国家目标为目的的活动"这种进行过修饰的定义。但是，芦部信喜因这种新定义无法显示出行政的重要特征及倾向而对其持否定态度，选择支持排除论。②

如果像排除论那样以三权分立间的关联对行政权进行定义，那么行政权会与另外两个权力相并列，呈抑制均衡关系。因此，即便在实际政治过程中议会与内阁呈紧密结合关系，但作为法理，总是依据议会与内阁的均衡模式对其进行说明。

---

① 芦部信喜『憲法』、304 頁。
② 芦部信喜『憲法』、294 頁。

（二）官僚支配与宪法学

1. 传统宪法学中的排除论与政治性美称论

排除论虽被认为是与行政权相关的一种极为消极的定义，但实际上正是因为这种消极性才达到了官僚机构的积极行动及大权得以正当化这种反论式效果。其实，为抑制政府权力而构筑起来的与议会内阁制相关的传统宪法论，反而使得所谓官僚支配正当化。让我们来回顾其中的逻辑联系。

首先，将排除论的国家权力体系模式化，其效果如图 3-1 所示。

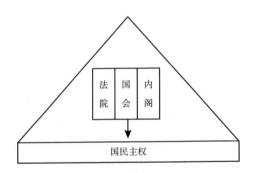

图 3-1　传统统治机构模型

在排除论中，议论的最大前提并不是以国民的一致意见为依据构成权力这一外表，而是作为实体被假设的国家权力。如果对权力分立的产生过程追根溯源，则存在着为了防止国王或君主所拥有的权力因集中和一元化而带来失控、压迫，故将权力分割为立法、司法、行政三种功能的发展过程。权力分立无论如何也是实现自由主义理念的产物，但并不会必然伴随国民主权和民主主义出现。[1] 还有，就立法而言，其是由被统治者的代表参与而进行的。在封建时

---

[1] 高桥和之认为，所谓的排除论就是"将立宪君主制度中的思维模式原封不动地转移到国民主权制度中"。高橋「日本国憲法における『立法』と『行政』の概念」『国民内閣制の理念と運用』有斐閣、1994、341 頁。

代的身份制议会中，贵族、僧侣、市民代表对立法予以协助。近代民主政治则由国民选出的代表人组成议会，从而获得立法权。司法工作在封建时代由法衣贵族承担，在近代国家中则由法律专家承担。在立法与司法这种被专门特殊化的权能被分割之后，君主只剩下起到一般统治作用的行政权力，且实际上由君主的臣子们即官僚来行使这一权力。在明治宪法体制下，日本的行政机构由作为天皇官吏的行政官员构成。

正是由于存在先验性的国家权力分割经验，立法、行政、司法各个权力之间才不存在上下级关系。权力分立和抑制均衡原理对于日常领导、统率而言并无意义。在权力行使过度及发生偏离之时对其进行牵制、修正才是抑制均衡的作用所在。其中，行政权并不是忠实履行议会所制定的法律这样的被动功能，而是发挥对整体国政广泛统治的作用。议会所制定的法律虽然对行政权的活动起到一定的限制作用，但未对活动内容做出详细规定。在日常活动中，则以行政机构中官僚的裁度为准。

将内阁所拥有的议会解散权理解为行政权与立法权之间的抑制均衡结构，这种解释也符合权力分立的形象。议会从协助国王进行统治的角色中脱离出来，如果其对行政权相关活动进行干涉、妨碍，内阁将采取解散议会的举措加以对抗，这就是古典权力分立图式中解散议会的意义。这样的图式也适用于战前日本的帝国议会。政府为了击退众议院的进攻，可以自由将其解散。因议会解散而丧失身份的众议院议员就成为敕勘议员①，也就是人们所说的被天皇开除的议员。解散议会正是被定位成对僭越统治＝干涉行政权力议员的惩罚手段。

如前文所述，议会内阁制是历史产物，并不适宜依据实际法律秩序将其固定化。虽然其在不时配合民主政治要求，促使制度运用不断进步方面具有生命力。然而，若将适用于国王大权时代的制度逻辑应用于国民主权时代的政治当中则会产生种种的弊端。进一步

---

① 即因受到天皇申饬而遭到停职等处分的议员。——译者注

说，整个大环境也发生了变化：行政机构的作用在过去两个世纪里得到了爆炸式扩大，官僚制度的权力也获得飞跃式提高。有反论认为，如将古典权力分立图式应用于处在这种状况下的现代国家，将导致行政权力的自私自利。

例如，被称为典型官僚的后藤田正晴的宪法观就表现了这种结构。后藤田本人对官僚的骄傲自满及僭越之举持警惕态度，反对官僚支配。但是，在对于日本宪法中议会内阁制的理解上，他认为："即使再怎么强调国会的优势地位，政府都可以在一夜之间将其解散，这么说来，我也认为（四十一条的解释）是政治性美称。也就是说，国会和政府间是平等关系。"[1] 后藤田也把行政机构中作为政治指导者合议体的内阁对官僚组织进行指挥、监督这种政官关系当作理想。即便如此，甚至是身为开明原官僚的后藤田也将议会内阁制置于传统的权力分立框架之中。

2. 官僚的民主统管形式

不言而喻，在现代国家中，行政权的实际承担者是官僚，且在依据国民主权原理建立的民主主义国家中，官僚不能因为其形式上是直接从属于君主的官吏就将自己正统化。一直以来，官僚被国民赋予权力，为了实现政治领导人的思想而进行实际作业，其自身也在这一点上得到正统化。在总统制中，由国民直接选出的总统本身就体现着政治思想；而在议会内阁制中，政治思想只能通过议会表现。从这个意义上看，对于由官僚所行使的行政权力，议会有必要进行实质性的统管与监督。

这里，与统管、控制课题相关，议会和行政机构的官僚之间主要存在两种关系。一种是将权力分立原理应用于现代行政国家，议会的立法权比依据其他权能所进行的统管更为实质化的关系。另一种是反映国民意志的议会势力将具体政治思想传达给行政机构官僚，命令其加以实现，并对实施过程进行监督的关系。若以多数决定原则为前提，议会的意见就是多数派的意见，议会的多数派对指

---

① 後藤田正晴『政と官』講談社、1994、21頁。

挥行政机构的权力体进行组织，而官僚制度的运用将这一关系具体化。之所以指出议会内阁制中存在权力融合，正是捕捉到这样的关系。

但是，古典权力分立理论掩盖了这种与官僚统管相关的现代性要求，造成了官僚统治不合理的后果。

首先，就以立法为根据的统管来进行思考。如果根据立法对行政所进行的控制，只不过是制定与行政活动相关的一般性原则和手续性规则，那就等于歌颂行政权力所进行的极为广泛的裁度，难以在统治活动中加入国民的实质性统管。在政策内容高度专业化的现代，这一点尤为适用。但是，即便是在战后民主主义体制下的日本，各省厅官僚不仅会以个别具体行政活动的相关依据及规定（行政作用法）开展活动，还会依据各省厅设立法中的概括性职能规定（行政组织法）进行广泛活动。曾经的行政指导就是其典型代表。依据权力分立原理，行政权力的自律性得到认可，在对行政权力的裁度极为宽容的制度解释之下，这种官僚的行动最终得到承认。

在20世纪90年代后期的日本，面对当时层出不穷的官僚失误及丑闻，为了强化国会检查职能，应该效仿美国会计检察院在日本国会设立行政监视院的意见在国会内部变得愈加强烈。但是，当时在国会设立专门机构对行政机构加以监视的设想遭到政府方面的反驳，政府称此举有悖于权力分立原理。这也是将权力分立原理加以引用的例子，只不过其使用这一理论的目的在于遮掩议会所拥有的以官僚为对象的检察权。官僚活动所涉及的范围极广，其权力也一味增大，就议会的检查权而言有必要摸索出更为实质性的方法。

接下来，针对议会势力对于行政权力的实质性领导、运用这一课题加以思考。为了使行政权力依国民意志而动，有必要配备一套由代表国民的政治领导人对行政机构官僚予以实质性领导、统率，施行国民所选政策的体制。为此，对于在行政机构中对官僚进行指挥、领导的政治家，其质和量都必须加以确保。

一般来说，组成行政机构的两种角色，即政治领导人和职业行政官（官僚）各有千秋。职业行政官拥有身份保障，这就意味着其可以保持强大的权力。一方面，职业行政官往往由政治领导人任命，接受其指示，自己绝不会登上组织顶点的领导地位。职业行政官在确保其持续性的同时，也不得不接受如此被动性的宿命。另一方面，政治领导人在任命行政官并在对其活动予以指导方面拥有较大权力，却受到任期有限的制约。选举获胜后，领导人若不能维持政权，就会丧失其领导人地位，其在拥有能动性权力的同时，也要接受具有时间限制的宿命。

对不受选举洗礼，拥有身份保障的官僚进行检查绝非易事。行政机构中的政治领导人为了确保其领导力必须在制度上下一番功夫。日本于1993年实现了久未有过的政权更迭，政治领导人的时效性几乎首次被国民和政治家所了解。以此为契机，对行政机构政治主导关注的高涨绝非偶然。

但是，传统权力分立原理对于这种领导力的确保发挥了抑制功能。为确保政治领导力，代表性的方法是增加行政机构中政治任命的数量，在行政机构配置政治家或辅佐政治家的外部人才。然而，在20世纪90年代，当这样的制度改革实际上在日本被探讨的时候，官僚方面出现了反对意见，官僚认为拥有议会席位的政治家大量进入行政机构有悖于权力分立原理。[①] 也就是说，权力分立这一理论，在官僚制度中被定论成一种自我保护的理论：构成行政权主体的是职业行政官员，对其加以外部扰乱就等于侵犯权力分立原理。

现代行政国家中民主主义的实践性课题之一，毫无疑问是对官僚的统管。为了使官僚机构依民意而动，对形成于18～19世纪的古典权力分立论进行重新安排，使其适用于现代行政国家是必不可少的步骤。正如前文介绍的那样，传统宪法学显然未能充分解答这一课题。可以说，寻求的是将权力分立原理进行去自由主义的解释、运用。人们所说的去自由主义并不意味着没有必要保护人权免

---

① 「石原信雄インタビュー」『朝日新聞』1993年11月27日朝刊。

遭权力失控的侵害。其实在官僚活动给予国民生活重大影响的现代，这种必要性反而有所提高。因为权力分立并不应该像立法权归属于国会议员、行政权归属于职业行政官那样一成不变。有必要开发一套对照行政活动现实情况，依国民意志对行政权力加以统管的制度。代表国民的民选势力进入行政机构，通过对官僚机构进行日常性、实质性地指挥、统率，维护国民权利。

即便把权力分立原理的这种重新安排与议会内阁制的历史沿革进行对照，其也理应得到认可。正如第一章所介绍的那样，芦部信喜通过对比欧洲和美国的民主统治机构形成过程，做出如下表述。美国的民主统治机构是通过与专制政治式的英国议会制定法及侵害人权的各州法律进行抗争后形成的，其对于立法权的不信任思想较强。结果导致三权在宪法之下呈对等、平级态势。与此相对，欧洲大陆诸国通过同专制统治的支配者——君主及作为其从属权力的法院进行抗争后转变成为近代立宪主义国家，三权关系并不同等，立法权居于中心地位。日本虽然没有经历过市民革命，但仍是通过战后宪法体制的构筑与天皇大权的君主立宪制对抗，目的是树立国民主权的统治机构。在这个意义上，从历史脉络看与欧洲相似。日本缺乏采取纯粹权力分立论，使立法权与行政权呈对等、并列关系的理由。

传统权力分立论将解散权的行使作为在行政权与立法权之间发挥抑制均衡的作用加以理解，假如将这种理解与现实政治进行对照，则会产生较大龃龉。若解散众议院，则身为议员的首相亦失去其议席，需要接受选举的洗礼。理论上行使解散权的首相在选举中落选，其原有的首相资格也会失去，且执政党也无法保证在竞选中获胜。紧接在总选举之后的特别国会上，不得不以内阁总辞职为开场，这也就意味着内阁的持续也得不到保障。因此，行使解散权的本质，并不是行政权与立法权之间的抑制均衡，而不得不对这一行为进行这样的解释：解散权的行使，是与议会相配合的内阁之主——总理大臣所进行的一次自我更迭，是向国民提供选出下一届政权担当人的机会。君主制下行政权力的拥有者常常将解散权视为抑制均衡的手段，这种想法是特定时代的产物。

（三） 围绕国民内阁制论的争论和民主政治观的变化

20 世纪 90 年代以后，围绕政治改革和行政调整的讨论盛行，这一潮流自然也给宪法学造成了较大影响。于是，以议会内阁制为中心的宪法学争论得以大规模展开，这一点值得注意。其中特别重要的就是高桥和之提出的 "国民内阁制论"。

1. 国民内阁制论的意义

（1）权力分立论的现代意义

首先，在对高桥和之的一系列论述及研究予以介绍的同时，总结国民内阁制论的意义。高桥和之是从考察民主政治与议会制的关系开始其议论的。在以宫泽俊义为代表的传统宪法学中，议会制的民主化对于日本实现民主主义来说是最为重要的课题。的确，对于肩负拥护战后民主主义任务，从天皇主权的明治宪法体制发展而来的宪法学而言，拥护与权威制形成对比的议会制是其重要课题。然而，高桥指出，在这样的传统宪法学中，有一种若实现议会民主化则日本政治体制就会完全实现民主化的乐观前提。宫泽宪法学认为民主政治的形象就是行政机构执行议会的决定，即行政学上所说的 "政治—行政分断论"。同时，就议会与行政的关系而言，其是在特定状态下对议会制进行议论。但是，在当今的行政国家，依据这样的模式对议会政治的民主化进行解释并无太大意义。议会民主主义是政治体制的必要前提，高桥所关注的是为了实现高度的民主主义，宪法学更应将目光投向议会和行政之间的关系。[①]

其次，高桥对孟德斯鸠的思想进行回溯，以考察权力分立的意义。有必要将孟德斯鸠的权力分立论课题分为以下两点：①为保障合理的法律得以制定，应如何对立法权进行必要组织；②为了确保法律的忠实执行，各种权力应如何加以组织。传统的三权分立，是对课题②的关注予以回应的框架。从这一观点出发，孟德斯鸠所叙

---

① 高橋『国民内閣制の理念と運用』、20－22 頁。

述的是立法、执行、司法三种功能的区别以及禁止同一机关单独占有其中的两种或三种功能。但是，孟德斯鸠并未论及这三种功能应如何分配，分配到怎样的机关中去。

其实孟德斯鸠所真正关注的是课题①。为了制定合理的法律，立法机关不能被特定势力所垄断，也就是陷入后来所说的多数专制当中。为此，孟德斯鸠论述了将立法机关中体现贵族制因素的上院与体现民主制因素的下院相并列，以在立法机关中实现抑制均衡的必要性。进而通过使这样的上下两院制与君主间形成抑制均衡，确保合理的法律得到制定，这也成为孟德斯鸠权力分立论的核心所在。因此，认为权力分立仅仅把立法、司法、行政三种权力加以分离的理解，并未掌握孟德斯鸠的正确意图。[1]

于是，高桥对权力分立的现代意义进行了如下阐述。若将课题①置于现代民主制中加以思考，则有必要把社会的多样性反映到议会、立法活动中。因此，将两院制中的两个议会在角色分担和选出方法方面差异化也是一种途径。同时，在时间上防止权力的集中，即限定议会任期，这就使得以不时进行政权更迭的方式来防止立法权被特定势力所垄断这一途径的实现成为可能。

对于课题①的观点，在立法（政治学上称为"政策形成"）方面若能实现社会各势力间的均衡则最为有益；权力分立论的本意并不是将立法权和行政权作为实体加以区分。实质上对政策制定拥有很大影响力的专业官僚（专家型决策者）正是社会各势力中的一种，注意使其不僭越自身本职工作而发挥巨大力量成为重要课题。[2]

同时，对课题②的观点而言，议会内阁制将立法功能与执行功能加以区别对待，这种区别是否有意义就成为新的问题浮出水面。就这一点，高桥认为为了保证对权力活动进行预测的可能性，依法对行政权力加以约束仍然具有很大意义。[3]

---

① 高橋『国民内閣制の理念と運用』、327 - 330 頁。
② 高橋『国民内閣制の理念と運用』、330 頁。
③ 高橋『国民内閣制の理念と運用』、332 - 334 頁。

高桥指出，没有必要使从课题①和课题②两种观点出发所设想的权力任务分担、抑制均衡关系相一致。如果在政治学上对其进行详细说明的话，那么与民主制中通过多种相互作用实现政策制定的代表制、议会制、官僚制度相关的制度构想，以及以依法行政理念为基础对官僚活动进行统管的制度构想，也许应该被放在不同形式上进行议论。高桥对权力分立概念的整理是建立在其对现代民主政治中议会内阁制的思考之上的，极具启迪性。

（2）国民内阁制的概念

在上述的概念整理基础上，高桥建立了国民内阁制这一概念。作为思考议会内阁制中立法与行政关系的前提，高桥首先指出，就国家权力中立法权与行政权的关系而言，有两种思维体系。第一种是将君主立宪制下的思维模式转移到国民主权国家中。在曾经的君主立宪制时代，虽然受到议会立法的制约，但君主不仅在法律执行方面，在法律管辖之外的领域中也拥有广泛的行政权力，其中包括规则制定及执行。行政并不是一种执行法律的被动功能，其包含着国政运营方面的必要措施这种广泛的意义。前文中介绍的排除论正是说明这种行政观念的理论。将这样的观念转移到国民主权国家中会有怎样的结果？当然，在国民主权体制中议会的权能得以扩大，立法具有订立一般性抽象规范的功能。于是，行政在这种抽象的规范内进行统治。在第一种行政观中，行政发挥的并不是执行法律这种被动作用，而拥有发挥一般性统治功能的积极意义。高桥所阐述的对分离型、宪法授权型行政权的定义着眼于以下内容，即在第一种行政观中，立法与行政被分离开来，相对于行政权力的活动，与行政功能相关的并不是个别具体法律，而是宪法赋予的概括性根据。

第二种思维体系是将行政作为立法（法律）的执行来理解。在这种图式中，行政常常以立法为前提。只不过高桥所思考的第二图式并不是过去行政学所讲的那种单纯的"政治—行政分断论"。这里所说的行政也含有积极的政策制定、规范的创造这一作用。但是，它们也具有执行以宪法为顶点的高级法律规范的意义。^① 在由高级规范向低级规范移动的法律实现过程中，高级规范的执行就是行政活动。在此，立法与行政被完全置于上下级关系中，行政的内容只有具备法律授权才能成立。高桥把第二种类型从行政活动以法律为全部依据的意义出发称作"法律授权型"；又在高级规范到低级规范这种法律具体化的意义上称其为"下降型"。^② 这种类型的定义明确否定了排除论。

在过去宪法学的普遍性说法中，行政权依排除论被定义，与之相关的宪法第四十一条"最高国家权力机关"这一规定被解释成"政治性美称"。与之相对，高桥从以下逻辑出发对这种普遍性说法予以批判。从民主主义形成之前开始，法律就意味着最高地位的成文法。历史上，拥有其制定权的是君主；在民主主义的扩大过程中，民选势力夺取了这一权力。依据民主主义的要求，国民的代表机关——议会获得了制定这一最高地位规范的权力，日本宪法第四十一条的"唯一立法机关"也显示出其采用了这一逻辑。若采用这种逻辑，国会制定法将没有法外之地，行政权也会因此丧失独自形成规范的余地。如按照排除论的理解，就会使以下宪法理解成为可能，即虽然国会制定法律这种规范形式的权限得到认可，但在法律范围之外行政权自身所订立的规范也会得到承认。但是，高桥表示，这样的理解是对法律支配和民主主义历史形成过程的无视。

站在重视法律支配和民主主义相关历史发展脉络的角度，宪法第六十五条所规定的行政权只能解释为执行法律的权力。而宪法第七十三条第六款"内阁被赋予制定政令的权能"的规定并不能理解为不以法律存在为前提，内阁拥有独立制定规范这种权力。究其原因，为了执行法律，制定必要命令的权力应该被包含在行政的概念之中，行政既然是执行法律，就必须以法律的存在为前提。这

---

① 这样的阶梯构造法律体系是汉斯·凯尔森最初所提出的"法律阶梯论"。此处高桥所说的高级规范—低级规范概念，笔者认为与笔者本人在政策分类化中所表达的政策具体性—抽象性这种分类标准具有相似性。参见山口二郎『大蔵官僚支配の終焉』岩波書店、1987、第一章。
② 高橋『国民内閣制の理念と運用』、339－343頁。

样，立法权与行政权之间就存在先有法律后有行政活动这一意义上的先后关系，以及作为高等规范的法律通过行政活动具体化这个意义层面上的上下关系。①

即使在以民主主义和国民主权为核心的日本宪法中，也存在排除论这样被普遍认可的权力分立解释，这多少会给政治学者带来一种张冠李戴的不协调之感。本来，在应以政治体制民主化这一共同课题为追求的宪法学中，根深蒂固地存在着一种以将行政权自立性正统化为目的的宪法解释，到头来这种观念却与承担行政权的官僚制度被赋予极大权力的情况有所关联。在这一点上，对于将行政权力付诸民主统管这样的关注来说，高桥对这种普遍性认识的批判有着重大意义。

进而，高桥就议会内阁制的民主主义运用做出了划时代提议。他认为对于民主政治而言，政权更迭是不可或缺的前提，他的议论也由此开始。他概括道，在战后有关宪法学和统治机构现状的议论中，"战后，宪法学在对日本宪法所采用的统治机构进行说明方面，原以为其能够认识到政权更迭的重要性并加以提示，而实际上并未成功"②。而且，"战后宪法学提供了议会（内阁）制的不恰当形象，使得国民在理解、运用该制度之时的认识只能局限在议会内阁制不存在政权更迭、没有真正民主性的范围内，对此，不得不说宪法学负有一半责任"③。

正如已经看到的那样，战后日本宪法学从权力分立视角对议会内阁制的讨论是有其影响力的。但是，权力分立是与君主掌握实权时代中二元型议会内阁制相适应的框架，无法将其原封不动地应用于确立议会优势地位的现代民主主义当中。尽管如此，权力分立框架之所以得以应用，是由于其提倡者自身是以对权力分立做出肯定评价、对权力融合做出否定评价为前提的。但是，根据议会内阁制

---

① 高橋『国民内閣制の理念と運用』、352－354頁。
② 高橋『国民内閣制の理念と運用』、357頁。
③ 高橋『国民内閣制の理念と運用』、357頁。

的历史发展阶段，权力分立的实际意义已然不同。对此，高桥进行了如下叙述。

> 对绝对君主制提出权力分立，这是自由的要求，……是民主主义的要求。但是，对于二元型议会制提出（严格的）权力分立，则包含着对持续衰退的君主权力加以保护的意图，带有保守性意义。为对抗议会制的一元化倾向而提出权力分立原理，此时其反民主性、保守性的功能则更加明显。究其原因，孕育出一元化倾向的正是民主主义的发展。[①]

于是，他认为有必要从民主政治的观点出发对一元型议会内阁制的现状进行考察。如果按照议会进行立法和决策，政府则执行相关事务这种古典式权力分立图式来看，将产生议会若反映民意，那么自动的，政府也会反映民意的想法。但是，实际上推动国政的不是议会而是政府。因此，不仅是议会，有必要让政府也能够反映民意。高桥认为，我们所需要的并不是将政府与议会分离并逐个思考让其反映民意的方法；按照最初议会和政府间的一定关系将其当作一个整体，如何让这一整体在国政中反映民意才是有必要思考的问题。[②]

如果对现实的议会民主主义加以观察，会发现很多情况下议会中所反映的多种民意未必与政府中的民意反映有直接关系。议会中未能形成稳定的多数派，也会有政权和政策在与国民无关的情况下根据政治家和政党同伴的协议被决定。政党在未能展示具体政权构想的状态下确保多数地位，也会引起在实际政权运营中违背民意的现象。法国政治学者迪韦尔热抓住代表一面在某种程度上自由行动，一面担负起民主政治任务这一点，将这样的民主制状况称为"媒介民主制"。与此相对，就领导和基本政策的选择问题，在国

---

① 高桥『国民内閣制の理念と運用』、361 頁。
② 高桥『国民内閣制の理念と運用』、366 頁。

政运行中最大限度地尊重国民的思想表达，这种状况被称为"直接民主制"。前者的代表有德国的大联合政权及法兰西第四共和制下的政治运行；后者的代表则是被称为威斯敏斯特模式的英国议会内阁制。迪韦尔热本人认为现代民主政治的课题是实现直接民主制。[①]

有关日本的议会内阁制，高桥认为其与英国一样以均衡式的一元型议会内阁制为特征。但是，日本并未运用直接民主制。[②] 其原因在于，在过去中选举区制度下自民党持续其一党独大的时代，众议院总选举任命谁为总理大臣、选择何种政策的问题都是在脱离国民判断、选择的情况下进行的。首相通过自民党内的权力斗争选出，政策则由官僚准备。造成日本与英国间产生如此区别的主要原因在于选举制度和政党制度的不同。中选举区制度下，由于是同一政党的多位候选人之间展开竞争，故该制度下的选举很难成为以政党为单位的选举。在一党独大体制下，由于事实上的可选方案只有一种，所以在政策选择方面民意也未被明确表达。最后，高桥对为了实现直接民主制的运用，在野党有必要展示其现实性政策体系，从而为发生政权更迭创造可能这种事态的必要性进行了说明。导入立法期（某次选举开始到下次选举为止的时期）这一概念，使得自民党与在野党就谁会在下个立法期夺取政权、将实现何种目标展现其具体构想，这种政党政治形象本身就是直接民主制。[③] 高桥将这样的议会内阁制运用称为"国民内阁制"。

（3）国民内阁制论的意义

这种主张在政治学领域的日本政治批判中可以说已经成为一种普遍说法，在给日本议会内阁制和政党制总结特征方面，其观点被完全接受。高桥的讨论有以下几个特征。

第一，对以国民主权为依据的议会内阁制运用造成妨碍的古典

① M. Duverger, "Institutions politique et droit constitutional," t. 1: *Les Grands systemes politiques*, 14 ed. (1975), p. 77.
② 高橋『国民内閣制の理念と運用』、339－343 頁。
③ 高橋『国民内閣制の理念と運用』、380－384 頁。

权力分立概念及与其密切相关的行政概念，从宪法学内部加以批判，并试图进行概念转换，这也是宪法学说的创新所在。特别重要的是对孟德斯鸠以来的权力分立概念加以验证，并指出将立法与行政进行横向并列式功能分担这种模式的问题所在。另外，在现代的积极国家＝行政国家中，以排除论为主的行政概念，明显阻碍了对官僚所掌握的行政施以民主式管理。

第二，对于议会内阁制的民主主义运用，政党间围绕政权存在竞争，从宪法论的观点出发弄清发生政权更迭的重要性具有很大意义。正如已经看到的那样，在战后日本宪法学领域，与静态制度论相关的议论较多，与实际议会政治动态相结合的民主主义现状则较少被论及。与此相对，国民内阁制论以一元型议会内阁制模式为出发点，为了贯彻国民主权理念对具体宪法运用的相关构想进行提示，这一点可以评价为是超越以往宪法学说的。

高桥首次提出国民内阁制这一概念是在 20 世纪 80 年代后期，当时日本政治还未对自民党一党独大体制产生怀疑。那个时期，正是把自民党长期政权视为民主主义的一种正当模式这种议论在政治学界盛行之时，也是政治学现状批判能力开始大为衰退的时期。[1]在这一点上，高桥对于日本议会政治的批判性视角和构思能力应该受到高度评价。

但是，认为英国式的议会内阁制（威斯敏斯特模式）是一种一元均衡型模式，这一点也值得怀疑。所谓均衡型，就是议会不信任决议与内阁解散权的对抗，议会与内阁之间存在均衡的意思。英国式议会内阁制中不信任决议的成立是极为例外的事件，也有见解认为在内阁占优势的基础上二者已经失去均衡。对此，高桥认为虽然执政党团结一致则不信任决议就难以通过，但内阁的领导团体不得不时常对执政党内部的叛离问题加以考虑，这样一来，来自议会

---

① 其代表有佐藤誠三郎・松崎哲久『自民党政権』中央公論社、1986。此外，在这个时期的政治学界，"多元主义论"日渐壮大，这种看法似乎变得流行起来：将日本政治的现状通过多种利害对比性地公平表现出来，并传达到政策形成阶段，比起官僚，政党更应发挥力量。参见村松岐夫『戰後日本の官僚制』東洋経済新報社、1981。

的不信任决议就成为抑制内阁的主要因素。① 正因为可能遭到议会的不信任，内阁与议会才会同时在亲近民意方面展开竞争。

这一论点，在战后日本内阁的发展过程中也曾被触及。在五五年体制尚未定型之时，自民党虽在国会拥有压倒性优势，但由于党内存在纷争，内阁屡屡在推进重要政策的过程中遭受挫折。高桥认为这种状况就是议会对内阁的牵制。但是，将政党组织内离心性对其领导造成的障碍与议会制度对内阁的牵制力一视同仁的做法并不恰当。如果让议会的统管能力依赖于政党纪律下降，那么其就不是一种作为制度的权力。实际上，在一元型议会内阁制下，应该重视的一点是，在执政党内部如果不是处于反主流派势力抬头这种特殊情况之下，议会就无法对内阁施加有效牵制、统管。

由于存在这样的疑问，国民内阁制论被评价为从宪法学的角度出发，提出了与日本议会内阁制相关的根本问题。以民意为基础，将内阁灵活运用，然后，在有效行使内阁权力使国民所选择的政策得以实现这一点中，可以发现民主政治的要义所在；以此为基础提出的宪法解释也给 20 世纪 90 年代的日本政治制度改革造成较大影响。

2. 针对国民内阁制论的批判及讨论

对于国民内阁制论，在宪法学领域也有很多反论及疑问。考察这些讨论，会有这样的印象，那就是宪法学和政治学共同关注着现代民主政治，依据不同概念对其分别进行了讨论。在一定程度上将这些反论加以总结，可以得出如下论点。

第一，围绕议会的定位存在疑问。在国民内阁制论中，议会对于内阁的统管向来没有受到宪法学说的重视。有一些宪法学者从实现民主主义的问题意识出发，对有别于古典权力分立的内阁制论加以讨论，在这类学者中有一种强烈的意见，那就是有必要以进一步强化议会使其灵活化为目标，对议会内阁制进行考察。

---

① 高橋『国民内閣制の理念と運用』、371 頁。

第二，国民这个词语的意义以及政党和议会在何种意义上能成为其代表的问题。实现迪韦尔热所说的直接民主制，为何要将一元型议会内阁制这一结构的运用称为"国民"内阁制，这应该不仅仅是出于方便的考虑。

第三，围绕负责内阁的政党形象以及由此类政党所构成的政党政治形象的问题。在国民内阁制论中，某种程度上是以拥有具体政权构想的两大政党围绕政权展开竞争为理所当然的前提条件。纯粹的两大政党制（德国那样的两极政党体系除外），即强迫国民在选举中从成为政权支柱的两大政党中做出二选一的选择，这样的民主政治形象是否妥当，自然存在各种各样的讨论。

第四，如何将国民内阁权力转化为民主统管的问题。正如先前介绍的那样，比起对于权力的批判和抵抗，高桥更重视国民自己创造权力，并将其运用于自己所希望的方向。对于这一点自然也存在反论和疑问。

下面将介绍关于上述各个论点的具体讨论，同时，对国民内阁制的意义和有效性进行探讨。

（1）议会内阁制下的议会

国民内阁制论强调以议会多数派与行政权一体性为基础的强有力政府，却未能对议会作用进行积极描绘。与议会相关的，主要是在野党对执政党政权的政策提出批判，对其形成牵制的同时，面向下次选举向国民提出创造政权更迭可能性的请求。将这样的议会认识与宪法第四十一条所明文规定的国会中心主义理念相对照，实在是相当消极的写照。对于这一点，本秀纪整理出"议会层面的民主主义＝媒介民主制"和"行政权层面的民主主义＝直接民主制"这种对立图式。[1]

在行政国家这种现实面前，如何实现民主主义，如何实现以民

----

① 本秀纪「『首相公選論』・『国民内閣制』・『内閣機能の強化』」『法律時報』第73巻第10号、2001年9月、90頁。可是，此论文超越了两者对立的图式，认为国会具备作为"最高国家权力机关"的实质，由此使得行政权民主化的实现也成为可能。

意为根据的行政统管和检查，面对摆在眼前的这些问题，宪法学提出了强化议会这一对策。所谓议会层面的民主主义，寻求的是议会在切实反映多种国民意志和要求的同时，具备对政策草拟和行政相关问题的调查能力。在这种强有力且兼具才干的议会，展现的是议员通过推进政策草拟以及对官僚机构进行追查实现民主政治的形象。

这里所说的议会，是国民代表发挥知识和良知，对政策制定和官僚机构进行监督的场所，在这个意义上，议会是民主政治的中心舞台。议员分别自由工作，议会是这种议员总和的、具有主动性的机关。议员与国民间的关系并不是领导选拔任命和决策中死板的指示（国民）—服从（议员）关系，而是设想一种议员面对不同状况采取尽可能灵活妥善的行动，并就结果对国民负责的关系。在这个意义上，议会中心主义所依据的民主政治是媒介型民主制。

但是，这种议会中心主义的现状改革论，被指出在面对现实问题方面尚有不足。第一个问题是，缺乏行政权成立的相关定义或者是行政权正统性的相关讨论。对行政学者而言，最感兴趣的是国民内阁制论是在对孟德斯鸠以来的权力分立论及行政定义论进行细致验证的基础上提出的。因此，其超越了传统宪法学说中的静态权力分立和排除论式的行政定义。对行政权力进行民主主义统管这一意义的内容，与近代民主主义刚刚兴起之时及 20 世纪、21 世纪的行政国家完全不同。特别是对现代专业官僚施加民主统管的难度已经远远大于近代民主主义时代。正是因为如此，民选势力才在侵蚀强大君主权力的同时，还不得不将掌握行政权过程中的制度形成过程及其逻辑，以及将对现代民主政治进行构想的人们统统收入麾下。

议会中心主义的主张毫无疑问也关注着行政国家中对官僚机构进行民主主义统管这一规范性问题。但是，如何对行政权的形成进行说明，怎样赋予行政权力的正统性依据以基础，对于这样的问题应该无法予以明确答复。将排除论式的行政概念加以引申，把行政权力视为一种先验性存在，对此，议会采取从旁施加统管的模式，或采取以国民意志决定为依据构成行政权这种国民内阁制模式，其在对行政权进行民主统管的范围广度、有效性方面应该都有所不同。议会中心主义的讨论中，并未对身为国民代表的议员在现实中如何发挥对官僚机构的领导力和牵制进行充分的具体描述；或者说，并没有对如何组成议会与行政权的衔接部分做出具体构想。

　　例如，前文介绍了本秀纪对议会中心主义与内阁中心主义两种对立观念进行了扬弃，本秀纪认为以国会的"最高国家权力机关"性为基础考虑行政权的民主统管现状。笔者对其指出的这种方向性有一种模糊的同感。但是，对于在以国会为主体的情况下，整个国会、其中的执政党和在野党应该承担怎样的任务，并没有具体构想。实际上，国会中执政党与在野党拥有不同的理念、政策和立场，其与行政机构的关系也截然不同。在思考与行政权之间关系的问题上，国会这个大范畴是否是单一主体尚存在疑问。进一步说，在国会拥有议席，进入内阁对行政权加以指挥和监督的内阁领导团体，是将其视为行政机构的一员还是当作国会的一员，如果不能清楚回答这个问题，关于由议会进行统管的具体论述恐怕无法展开。在这一点上，不能不说议会中心主义对于国民内阁制论的批判是不充分的。

　　第二个问题是缺乏对政府统治能力的关注。为防止行政权力失控而对其进行监督是议会的重要任务，这是比平时引导权力得以正当、妥善行使并达成公共性目的更为重要的任务。在考虑行政权力与议会关系之时，在议会中确保统治权力的支持基础是不可或缺的角度。议会中心主义的议论正是缺少了这一角度。在议会中，如果未能形成稳定的多数派，那么为了使政府提出的法案和预算成立，随时都会发生议会内政党和派别间展开复杂谈判的情势，在某种意义上，议会也随之处于激活状态。但是，这种状态对于民主政治而言并不理想。在不拥有统治能力的民主政治体系中，若在可视性极低的议会内部空间反复开展政治家的交涉与妥协的话，国民就会对这样的民主政治抱有不信任的态度。历史的教训告诉我们，国民会由此希望产生反民主式领导人。国民内阁制论以强有力统治和民主统管的并立为出发点，与之相对，议会中心主义理论则缺乏对有效、安定统治的关注。

第三个问题是关于代表人素质的理想论和现实论相交错。宪法学中代表这一概念是出于对国民代表理念的支持。也就是说，议员并不是特定选举区和其支持者的代表，而应代表全体国民展开行动。他们不拘泥于特定的利害关系，相互独立为公众牟利，避开组织的羁绊而自由行动，承担国政。对行政权的统管也是这种活动的一环。这样的规范性形象，在现实政治中能否实现另当别论。在现代的大众民主政治中，议员为了当选必须有资金和组织的支持。他们背负着种种羁绊从事政治活动，同时还受到政党组织的约束。从第二点所指出的统治安定观点出发，政党对于议员的约束未必是坏事，对于统治能力来说还是必要的。在对以民意为根据的政府统管现状进行思考之时，有必要将上述现实情况纳入视野当中。而议会中心主义给人以有理想论、规范论倾向的印象。正因为在媒介民主制下，无法确保现实中政治家的行动处于理想水准，所以有必要寻找一种使国民能够对政治家和政党的行动加以限制的方法。对于这一点，议会中心主义作何思考尚不明确。

（2）国民指谁

第二个问题点是国民这一表象的意义。敢于使用国民这一词语之时，这种状况下的国民拥有多种多样的利害和价值观，其并不是被阶层化的市民，而是以作为集合体支持政府的国民形象出现。高见胜利将国民内阁制与20世纪30年代在批判政党政治背景下提出的"国民内阁"进行了对比，指出了和其主观意图无关的国民内阁和"国民内阁制"的连续性、共通性。在20世纪30年代，当时所寻求的是树立以构筑战时动员体制为目标的具有强大主动力量的内阁。这样的内阁不仅是在议会拥有议席的政党，也网罗了各阶层人才，因此也有主张呼吁在这个意义上其应该是国民内阁。高见指出在以议会为基础的政党政治和议会政治处于紧张关系这一点上，两个国民内阁拥有共通性。① 比起国民间的差异，国民内阁制

---

① 高見勝利「国民内閣制についての覚え書き」『ジュリスト』1145 号、1998 年 11 月 15 日、40－41 頁。

第三章 内阁制度的争论

论更重视统一，而与权力的均衡相比更愿意以强化行政权的领导力为志向，高见正是在这种情况下带着危机感提出了这样的疑问。

关于这一点，高田笃在援引政治学中政党政治发展史上相关讨论的同时，指出国民内阁制的国民概念并不适用于现代民主社会。高田引用升味准之辅的政党史相关讨论，将民主政治的发展分为三个阶段，并以此为前提展开议论。第一阶段，是以议会制度的确立和普选制为标志的近代民主政治框架得以完备的时代，就欧洲而言是 19 世纪后半叶。第二阶段，是政党组织化得以发展，主要以经济方面的利害为舞台，反映阶级对立的政党体系得以确立的时代，欧洲于 20 世纪上半叶经历了这一过程。第三阶段，是由于价值观的多样化及市民政治个体同一性的多样化，原有政党和利益集团整合能力下降，单一议题政党等多种政治集团加入政治进程的时代，对于欧洲，其发生于 20 世纪 70 年代以后。高田的批判可以归纳为国民内阁制也许适合于第二阶段的古典式两大（两极）政党体系，但由于利害与价值观的多样化及以此为基础的国民阶层分化被无视，其并不适合如今处于第三阶段的民主政治。[①]

这一点是与代表民主制的基础制度设计相关的问题：应当在何种程度上依据国民选择决定政策，对议会政策的争论意见，应通过怎样的机制在何种程度上将其表露出来。国民希望建立怎样的代表体系，在多大程度上进行自主决定，这是与每个时代的政治课题都相关的问题。在媒介民主制中，不同政治家代表不同阶层的国民，围绕政策制定展开交涉，在政策实现所需必要资源相对充裕，也就是说，在经济状况良好的民主政治中，媒介民主制能够充分发挥其功能。这与福利国家在很大程度上达成一致，决策资源分配得以制度化，是一种进行政治微调就可以达到效果的时代下的体系。

但是，从 20 世纪 90 年代到 21 世纪，传统媒介型民主制国家也在面对新的政策课题之时，持续为之烦恼并进行了反复尝试。20

---

① 高田篤「現代民主制から見た議院内閣制」『ジュリスト』1133 号、1998 年 5 月 1 - 15 日、73 - 75 頁。

世纪 90 年代以后，随着全球化的发展，资本主义经济领域的竞争日趋激化，关于福利国家所达成的一致也走向崩溃。继而，在世界标准的名义下，放宽规则、民营化，特别是以富裕阶层和企业为对象的减税等政策结构，持续向民主主义国家渗透。为了对抗这样的压力，试图保卫福利国家的一方不能单纯维持现状，而需要持续适应经济环境，以实现经济社会平等为政策改革目标进行反复尝试。① 可以说，从 20 世纪末到 21 世纪初，围绕资本主义经济的现状，激进的两个极端之间再次出现对立。社会经济体制和政策基本结构的现状本身作为重要政治争论焦点再次浮出水面。在民主政治中讨论这样庞大的政治争论焦点之时，反过来起到恢复"国民"这种表象意义的作用。国民将选择怎样的社会经济体制，的确是个问题。

进而，在 21 世纪伊始的日本，围绕以在第二次世界大战中战败为契机占领军所推行的民主主义体制，信奉民族主义的政治势力一方提出了异议。战后民主主义体制成立至今已有 60 年，经历了两代人；以战后体制正统性为中心的宪法政治重新作为政治焦点为人所瞩目。② 从这个意义上看，国民选择何种体制也是一个问题。

这一点，与第三点——围绕政党体系的讨论有关。

（3）理想的政党体系

国民内阁制论给人一种以两大（两极）政党体系为前提的印象，这是因为其假设了议会中控制过半数席位的有力政党（党派联合）可以在某种程度上展示其具体政治构想从而展开竞争这种政党政治模式。这一点也招来了质疑和批判。两大政党制和联合政权哪一个有利于民主政治，这一议题是政治学的常见问题。两者各有利弊这一点也无须争论。归根结底，两种模式的对立正是来自民主政治形象的差异。

---

① 针对这样的民主制度变化，参考下列文献：Colin Crouch, *Post Democracy* (Polity, 2004)；山口二郎『ブレア時代のイギリス』岩波书店、2005。

② 山口二郎『戦後政治の崩壊』岩波书店、2004、第二章。

　　两大政党模式在某种程度上以均质的国民为前提，依据多数人的意愿进行统治，这也符合民主政治本质因素，其被称为"多数支配型民主主义"。小选举区制度由于拥有人为制造出多数派的功能，所以适合多数支配型民主主义。

　　与此相对，社会中存在以宗教、语言、地域等因素为单位的集团，在以他们为基础的政党得以进入议会的国家中，多数支配型民主主义不起作用。对这种社会性构成，如若单纯应用多数决定原理，就会存在长期被思想决策排除在外的少数人集团。例如，少数宗教集团和少数语言集团常常在多数决定下遭到失败，这类人群的意见和利害在政治过程中完全没有被顾及。这样下去，这转而会与威胁政治社会统一的因素发生关联。为此，在这样的国家中则采用比例代表制，设法使社会构成能够在议会中得到如实反映。这样一来，代表同伴通过交涉与妥协决定政策，使社会多种利害关系在政策中得到反映。通过精英的妥协运行国政，将富有多样性的社会加以统一，这就是此种民主政治的模式。它被称为"多极共存型民主主义"。[①]

　　例如，之前介绍的高田笃阐述了由两大政党代表阶层化市民的意识和利害这种制度的限度。[②] 且高见胜利认为，根据两个对立政策的论争进行总选举争夺这一设想最初在英国政治史中极为罕见。国民在两个政权方案中做出选择，将其授权给政府执政党付诸实施，这种政党政治的过程本身就是一种脱离实际的神话。进而，他指出，拥有共同的政策构想体系，团结一致向现实迈进的这种政党形象与实际状态极为不符。在此基础上，高见所支持的是多极共存型民主政治，就是政治家和政党接受国民在国政运营方面的授权，政治家、政党为国民谋利而展开行动，最终对其结果负责的政党政

---

① アレンド・レイプハルト（阿伦德・李帕特）、粕谷祐子訳『民主主義対民主主義：多数決型とコンセンサス型の36ヶ国比較研究』勁草書房、2005。

② 高田篤「現代民主制から見た議院内閣制」『ジュリスト』1133 号、1998 年 5 月 1 - 15 日、75 頁。

治模式。①

国民内阁制论中的政权方案选择这种模式，指的是进入 21 世纪后在日本也逐渐受到关注的竞选宣言选举和其亲和力。所谓竞选宣言，是在英国总选举中各政党关于政权构想所公开发表的手册。笔者本人从 20 世纪 60 年代末开始对这种根据宣言进行的选举特别是其意义进行了高度评价，并主张在日本也采用这一方式。② 但是，在同一时期，英国国民表示，阅读宣言并以此为依据决定选举时的投票活动只是一种脱离实际的神话。③ 在日本，讨论的主要是关于宣言中应强调具体性、设定目标数值、标明财政来源和期限等不可或缺的内容。但是，有人指出选举中的选择与盖房子时选择设计书和设计说明书的道理不同，这种批判是合理的。高见之所以把国民内阁制论中的政权方案选择契机视为问题，应该也是以这样的政治观为基础的。

即使普通国民并不阅读，各党派仍要制定宣言，并将其公布，这对于确保民主政治的质量具有重要意义。认为宣言过于重视其中的目标数值和期限、财政来源等问题，这实际上是日本的误解。它来自在日本政治中至今无法辨明的所谓公约究竟是极为具体的利益诱导，还是与之相反的在抽象层面将缺乏一致性的愿望进行罗列（愿望清单）这种经验。英国的宣言是反映各个政党价值观的政治性手册，而不仅是设计说明书、合同，而且宣言确保了对统治和政策制定的责任感，成为便于社会对其进行追究的工具，其意义理应受到重视。

同时，与此相关，就政党提出政权纲领，国民通过对其加以选择从而对政府、执政党进行委任的这种关系，高见批判这是脱离实际的神话。④ 的确，国民并不能在理解所有宣言所承载政策的基础

---

① 高見勝利「国民内閣制についての覚え書き」『ジュリスト』1145 号、1998 年 11 月 15 日、44 - 45 頁。

② 山口二郎『イギリスの政治 日本の政治』筑摩書房、1998、23 - 31 頁。

③ 山口二郎『イギリスの政治 日本の政治』、153 - 156 頁。

④ 高見勝利「国民内閣制についての覚え書き」『ジュリスト』1145 号、1998 年 11 月 15 日、45 頁。

上对其表示支持。宣言最初的意义也不在于此。组建新政权的执政党、政府在实现重要的政策转变、政策革新后，获得了国民支持，或者有说法认为有一种来自国民的授权，作为这种说法的根据，宣言是有其意义的。对于政策转变和制度改革，掌握既得权利的势力进行抵抗，使得转变无法具体进行的局势，或多或少共同存在于民主主义国家。为了走出窘境，以宣言为根据的委任应该是有效的。

话题回到政党政治模式，归根结底，政策性对立中心的现状与政党政治模式紧密相关。对于以"政治一致性"为前提的微调而言，多极共存型政治应该是一种有效模式。但是，也有在关于体制原理和资源分配的现状存在根本性对立的场合下，有必要运行某种程度上将争论焦点加以集中的两方对立政治的情况。与此相关，意大利政治学者诺贝尔托·博比奥指出：围绕平等的对立本身，常常成为政治中左右对立的中轴。① 这种观点特别适合于 21 世纪初随着全球化进展，在经济自由和分配平等的问题上存在尖锐紧张对立关系的发达国家。

对于政党政治模式，在理论上讨论多数支配型和多极共存型模式的优劣毫无意义，不可能得出一方优于另一方的普遍性结论。我们更应该考虑与各个时期政治问题相关的政党体系，这一点和现实情况寻求的都是多数支配型的政党政治。当然，实际情况下持怎样政策主张的势力占据多数支配地位，这一问题与现实政策课题产生了偏差。由于不公平的扩大，遭受损失的市民会支持推进扩大这种不公平政策的新自由主义式政党，这种反论时常被提起。② 但是，这是政党、政治家等政治性主体的问题，并不是内阁制度和议会制度的问题。新自由主义式的政策也好，再生福利国家也好，政策转变的推进必须要有强有力内阁的政策草拟及议会多数派的支持。在某个时代，在政策体系的转变、改革成为紧迫课题之际，能够对此

---

① Norbert Bobbio, *Left and Right* (Polity, 2000).
② 参见山口二郎「戦後政治における平等の終焉と今後の対立軸」日本政治学会編『年報政治学二　六 – Ⅱ』。

做出回答，构筑相应议会、内阁体系的这种国民内阁制论的问题设定本身，应该说是妥当的。

（4）强有力内阁的走向

对于国民内阁制论的一系列批判，其共同点在于有着这样一种担心，那就是创设强有力内阁之时，如何对其进行民主上的控制。从行政学的角度出发，可以把国民内阁制论解释为以立法权和行政权融合为前提的威斯敏斯特模式。对于这种议会内阁制的运用，从重视权力分立的视角考虑必然产生顾虑。一部分宪法学者有以下见解，他们认为 20 世纪 90 年代的种种改革思潮可以归结为：经济方面向新自由主义路线（小政府）转换，安全保障方面则是以军事大国路线为主；批判内阁功能的强化为推进上述政策转变提供了权力核心。本秀纪在他的另一篇论文中有如下表述。

> 20 世纪 90 年代所进行的改革，其特征被认为有以下两点：一是为实现国家行政的"大国化"使特定领域（国防、外交等）"纯粹化"；二是将 20 世纪 90 年代初所提出的"内阁功能强化"论真正付诸实践。也就是说，一方面，为了推动（尤其是军事）大国化进展，适宜采用权限集中和上情下传的行政模式；另一方面，为了抑制"纯粹化"过程中身为结构调整对象的省厅官僚（及阁员）和族议员的"抵抗"，而将权限集中于内阁，首相也是其关键所在。①

在 1998 年就预见到数年后小泉政权的政治发展动向，这应该称得上远见卓识。集中权力的首相发挥其解散权，驱逐"抵抗势力"，实现了大胆的政策转变，上文的议论就是对这种机制本身感到担忧。如果谈论对实际政策的评价，对于上文的议论笔者本人也有同感。但是，内阁制度运用这种制度性（小写的 constitutional）问题，在使之与实际价值判断问题相结合这一点上，笔者认为这种

---

① 本秀紀「內閣機能の強化」『法律時報』第 70 卷第 3 号、1998 年 3 月、60 頁。

批判论是存在问题的。内阁运用相关制度和惯例，无论对于哪一党派、持有何种价值观的政治家而言都是共同前提。如果非要进行挑衅式的反问，制止军事大国化、停止小政府路线、以重建福利国家为目标等，为了将与现行自民党政权相对抗的价值观具体化，需要很多大规模的立法活动，为此也需要能够跨越种种反对和抵抗，将作为智库的官僚机构运用自如的强大领导力。执政党在提出这种政策之时，官僚机关特别是身为暴力装置的自卫队和防卫省应该会进行激烈抵抗，以财界为首的相关组织、团体毫无疑问也会进行大力抵抗。到那时，议会方面只需对行政权力加以牵制，这种革新势力所希望的政策就无法实现。无论怎样，在内阁形成权力核心，大规模推进立法，对于革新派、左派而言是在创造其理想社会时不可或缺的。

内阁功能的强化，并不仅仅是军事大国化和新自由主义的需要。在长年的官僚支配和压力政治下，各种政策转化成既得权利，现代民主政治有着无法将其重新考虑的病理，为了对此进行必要的改革，需要强有力的领导和支持改革的管理机制。上述条件也适用于地方分权和社会保障的恢复等课题。实际上，以英国为例就能明白这一点。权力融合型议会内阁制在撒切尔政权下促进了以小政府为目标的政策转变，在布莱尔政权下则促进了地方分权和福利国家的再生。议会内阁制中权力核心的形成并不会自动带来暴政。话虽如此，在伊拉克战争开战问题上，行政权失控的例子也暴露出其另一面。

如果对此问题进行追究会发现对于权力的看法是对立的。权力在平时是无害的，若认为必须对其严加监视，则有必要构想以检查和抑制为基调的制度。与此相对，若认为对权力应当以实行解决公共问题的对策、实现和平与福利为目的加以灵活运用，那么在尊重立宪主义和民主主义的同时，也有必要构想一种能够将反映民意的政策进行立案、决定、实行的统治机构。就现代行政国家而言，即使在这样的统治结构中内阁也应成为权力核心。而且，关于对这种内阁进行牵制的组织，应该从强化议会调查权能，特别是对检查内阁功能的主体——在野党予以支持的观点出发进行制度构想。也就是说，并不是将内阁置于软弱无力的状态，而是有必要抱有构筑能对抗强有力的内阁而保持平衡态势的这种强有力议会的想法。

把权力视为敌对的潜在邪恶这种态度是由于战后日本没有经历过真正意义上的政权更迭。自民党一党独大下甘心永远成为少数派的左派、革新派也许在不得已的情况下持有这样的权力观。但是，在明知自己是在野党、少数派的前提下对统治机构加以构想，这就与曲解统治机构的相关议论有所关联。在自己获得政权的情况下将采取何种政策，又如何将其实现，在这样的假设下对制度加以构想其实才是真正必要的。1993 年，以非自民联合政权的诞生为契机，内阁从官僚机构中自立，在这种情况下对成为政治领导基础的内阁的关注倍增绝非偶然。

对于将立法、行政相结合的权力融合体，最强的控制手段在于使这一政府的权力定期失效，让国民对其存废做出判断，这是最为有效的。在这个意义上，议会内阁制发生政权更迭的可能性时常处于开放状态，这不仅在政治学上对于制度的健全运用是不可或缺的，诉诸宪法学角度也有其必要性。在实际性制度中编入能够有效抑制行政权力的结构存在着困难；政权由多个政治主体承担，根据周期性轮换这一历史经验以及积累下来的国家制度运用惯例，防止权力融合的危险性，这一点必然也受到宪法学的重视。政权更迭并不是宪法上的制度性规定，而是偶尔表露民意的一种实际现象。但是，有必要使国民了解到，通过积累这样的经验，确立国家制度运行的惯例，可以使议会内阁制健全地发挥其功能。如果这种认识能够在国民中普及，那么国民内阁制论也就不会走向完结。

对于行政权力的抑制，司法统管也具有重要意义，特别适用于像日本这样将违宪审查权明确写入宪法之中的国家。但是，由于内阁拥有指定最高法院院长和法官的权力，法院很难不受政治影响。若没有政权更迭的状况长期持续，法院也会受到政府、执政党的关照，从而很难按照权力分立的理念发挥其牵制功能。这一点正如战后日本经验所示。为了使司法的抑制作用能够健全地发挥作用，也有必要进行政权更迭。

四　政治学、行政学与内阁论

（一）　松下圭一提出的问题

至此，已经对宪法学中内阁论的发展进行了详细研讨，接下来将回顾政治学中的内阁论。早就针对这一题目提出问题的是松下圭一。他在 1977 年，即洛克希德事件在政坛引起巨大震动之时发表了题为《转变国会形象》① 的论文，明确了引发结构性渎职的政治制度和政治主体的问题，同时对以落实国民主权为目的的国会、内阁制度运用提出了新的建议。当时，面对首相收受贿赂这一史无前例的突发事件，国会在查明真相方面并未起到充分作用。即便动用了国政调查权，以检察机关为首的行政机构在调查时，相关方面以统治行为、保密义务概念为掩护拒绝提供情报。就此，国会本应具备的"最高国家权力机关"这一权威的实际情况重新被问及。而且，在 1976 年 12 月的总选举中，自民党大败，首次失去了独占半数席位的局面（通过追加公认等方式在特别国会召开之时恢复到独占半数议席的态势）。这是五五年体制形成之后首次看到发生政权更迭的现实可能性。此后，发生了以自民党一党独大为自然前提的国会运营规则也被指出必须进行变更的状况。正是由于受到这样的冲击，松下对以政治转变为目标的新宪法论进行了构想。

松下从宪法学中的统治机构这一概念入手进行批判。他批判这一概念以实体国家权力的先验性存在为前提，在使用"统治机构"这个短语之时，不知不觉地将政府无非是以统治国家为目的的机构这种自上而下进行支配的想法加入其中。松下解释说，在战后宪法学中，新宪法的国民主权理念受到尊重。但是，关于国家权力的获

---

① 松下圭一『戦後政治の歴史と思想』筑摩書房、1994。

得方式，国民主权被国家主权所置换。将国民主权置换为国家主权，可以被理解为以拟人化国家的存在为前提，将全部权力集中于此的意思。于是，为了采用将国家主权分为立法、司法、行政三部分的理论构成，最终导致自 19 世纪德国法学以来的古典式权力分立论被继承下来；排除论式的行政定义也在秉承国民主权的新宪法下得以维持。①

松下也对约翰·洛克进行了研究，他以权力授权的框架为依据试图对议会内阁制进行重新构建。作为主权人的国民在国家层面上将权力授予国会。国会是代表全体国民的机关，故而能够成为授权的接受方。而且，国会是接受国民授权的代表机关，也因此成为国家权力的最高机关。松下将与国会相关的两个概念整理为功能规定下的立法机关和性质规定下的最高机关。对于国会而言两者是不同层面的规定。但是，宪法学并没有理解这两个概念在层面上的不同，由于将性质规定编入权力分立的框架之中，② 所以在政治性美称论这种形式下，性质规定能够以不与三权分立发生矛盾的形式被纳入其中。

接着，松下以国民主权为基础，主张有必要对"议会内阁型权力分立论"予以展开，如图 3－2 所示。

在这里，拥有主权的国民选出身为代表机关的议会，国会则对内阁首领进行提名，按照这一路径，权力得以构成。议会拥有公开情报、提出争论焦点、政治调查、监督政府和对政策进行立案、审议、决定这五种功能，并通过各种手段对政府进行统管、监督。在这个权力分立框架中，国会与内阁间存在一种明确的上下级统管—服从关系。③ 同时，就司法权的功能而言，松下认为国民、议会及内阁三者之间的政治紧张过程包含了基本人权的保障和合法程序的确立。他主张，即便在违宪立法审查权方面，围绕作为最高国家权

---

① 松下圭一『戦後政治の歴史と思想』、309－311 頁。
② 松下圭一『戦後政治の歴史と思想』、309 頁。
③ 松下圭一『戦後政治の歴史と思想』、314 頁。

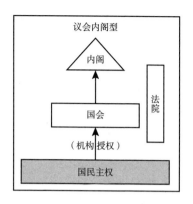

图 3 - 2 国民主权型议会内阁制模型

力机关的国会可能发生的立法错误，依据机构分立原则可以试图对其进行抑制，但也不可否定国会的最高国家权力机关地位。[①]

　　作为权力分立的现代形式，进一步提出了Ⅰ政治决定、Ⅱ行政、Ⅲ政治责任这种三段式的过程分立概念。政治决定是指完成法律和预算并做出决定的工作；行政是指将上述内容付诸实施的工作；政治责任就是对决定和实施结果进行问责的工作。现代议会政治中，Ⅰ是通过议会和内阁的共同操作进行的。实际上内阁利用官僚制度完成预算和法律草案，并交由议会审议，最后依照多数决定原则予以表决。Ⅱ是官僚在任职于行政机构的执政党政治家的指挥、监督下实行的。Ⅲ是法院以国会所行使的调查权和质问权为依据，对行政诉讼等进行审理，并根据情况行使违宪立法审查权，通过这样的方式，该步骤得以具体化。松下的过程分立想法应该可以这样理解：这并不是那种将政治工作分割成立法、行政、司法三部分，分别由不同的机关予以承担的静态权力分立，而是将政治工作作为一种流通或循环分为三种局势，进而考虑其责任主体和与之对应统管的现状。承担行政工作的是内阁，是总以议会多数派为基础的政治家集团。松下抓住了这一政治性并将其称为"议会中的内

―――――――――――――――――

[①]　松下圭一『戦後政治の歴史と思想』、318 頁。

阁"。此外，如果对政党这一主体加以关注的话，那么过程Ⅰ的承担者是执政党和在野党的对抗性操作，过程Ⅱ则由执政党承担，过程Ⅲ的承担者是在野党。①

虽然提倡将议会内阁制转变为这样的形态，但不言而喻，现实与理想存在较大差距。松下把这一问题归纳为两点：第一，由于机关分担型权力分立论，官僚轻视国会；第二，机关分担型权力分立论导致国政调查权无效。②

第一点指的是官僚认为行政机构与国会呈并列关系，官僚带有不接受国会统管的傲慢意识。原本充其量只是内阁辅助的官僚，由于承担了作为不受国会统管的固有领域——行政活动而产生了轻视内阁这一政治性决策机构的倾向，松下对此表示愤慨。当然，这种问题的产生也是自民党自身力量不足导致的。历代自民党内阁都频繁地进行改造，这反而使得内阁的政治权威有所下降。同时，阁员在国会之外需要依靠官僚组织才能顺利完成任务。内阁作为政治思想的源泉未能发挥其领导能力。

关于国会所拥有的国政调查权，宪法学普遍将其作为辅助立法的一种权限，第二点正与此相关。以这样的角度理解，在对与直接立法无关的政治责任追究和不端行为的审查中无法行使国政调查权。事实上，洛克希德事件中，也正是以保密义务等理由为掩护，划定了国政调查权的界限。对于这一点，松下主张国政调查权是议会在政治决定、政治责任两个层面上本应拥有的权限，对宪法学的普遍说法进行了批判。

就这样，早在20世纪70年代后期，松下就对议会内阁制的日本式运用展开了批判。但是，此后在80年代，这种讨论并没有深入下去。直到90年代中期，由于政权更迭以及官僚丑闻和政策失误（松下所说的"行政恶化"）接连发生，对行政权力进行政治性统管的必要性才得到广泛认识。在这一脉络上，对于内阁现状的讨

---

① 松下圭一『戦後政治の歴史と思想』、321-322頁。
② 松下圭一『戦後政治の歴史と思想』、323-327頁。

论也盛行一时。

松下在这一时期再次提倡将"官僚内阁制"转变为"国会内阁制"。[1] 有关官僚内阁的巧妙安排，松下进行了如下说明。

> 内阁……从作为母体的国会中脱离出来，被当作内阁、省厅一体的行政权，与被认为只有立法权的国会相对。……首相以外的阁员成为省厅的顶层结构，在战前的宫中座次中，他们的地位被认为应该比官僚科长级别的国会议员还要高，因为他们处于国会之"外"。[2]

所谓官僚内阁制，并不仅意味着本应成为行政权主体的内阁由于软弱无力而无法统率官僚机构这一个问题，还有着政治领导人将自己纳入官僚视角，认为对于自己而言议会是外部或者是障碍的含义。松下认为，在历代首相等人的回忆录和日记等记录中，他们仅仅将注意力倾注于"闯过"内阁，并没有表现出通过国会中的讨论了解争论焦点所在并推动政策、改革制度的态度。[3] 的确，正是因为官僚内阁制，才导致了政策转变得不到推进、对于腐败和政策失败的追责不能充分进行的结果。

对此，松下提出了国会内阁制这一理念。这一理念基本上是一种以前面提出的国民授权为基础的国会中心主义思想，特别是内阁作为执政党的领导性国会议员的集合体拥有政治性，强调其对官僚机构的统率。同时，为了支撑这种领导能力，具体制度的准备、行政领域中政治任命范围的扩大及国会调查能力的提高都被一同提出。

松下的国会内阁制与先前介绍的高桥和之的国民内阁制有很多类似之处。两者都否定传统权力分立和排除论对行政的定义，都依据国民主权对行政权力进行了基础铺垫，且二者都期待内阁作为执

---

① 松下『政治・行政の考え方』岩波書店、1998、II 章。

② 松下『政治・行政の考え方』、61 頁。

③ 松下『政治・行政の考え方』、61 頁。

政党的领导集团拥有实力和政治权威。但是，国民内阁制重视国民意志—国会多数派—内阁的直接联系，将以多数国民意志为依据运用行政权力视为民主主义议会内阁制的本质。与此相对，国会内阁制则重视国会中多种政策的提议、讨论及调查活动，在不认为国会仅仅是多数决定的场所这一点上，两者将国会置于不同地位。国民内阁制主要是以国民通过选举进行的概括性、抽象性授权为基础，由获得多数支持的政党组建政权，认为实现与国民的约定是民主政治的中心。与此相对，国会内阁制则将这样的授权当作部分前提，重视多样政治参与的可能性；同时，依据国会中执政党和在野党的议论、调查活动，不仅以履行诺言为目标，还期待更富有创造性的议会功能。在这个意义上，国会内阁制并不等同于纯粹的威斯敏斯特模式。总之，松下圭一所提出的问题对20世纪90年代的内阁制度改革应该也造成了很大影响。特别对于民主党主导的内阁、国会制度改革提案来说，他的问题为其提供了具体构想和理论性根据。

（二）行政学视角的批判与建议

下面将要介绍的是行政学学者西尾胜对议会内阁制相关概念的重新定义。他对行政的概念进行了重新定义，并以此为出发点对议会内阁制的理想运用方式加以构想。

西尾首先将注意力集中在传统宪法学，包括国民内阁制论在内的对于议会与内阁关系的相关内容上，官僚机构由被任命的行政官构成，而如何对这一群体进行统管的问题几乎被完全忽略。对此，西尾进行了严厉批判。随后他又指出，特别是在像日本这样从君主立宪制直接过渡到现代民主制的国家，从未体会过以议会为中心的立法国家这样的阶段，故容易在权力分立框架下形成议会与内阁的均衡、对抗，进而在事实上使民选势力与非民选势力陷入均衡、对抗。[①]

---

① 西尾勝「議院内閣制と官僚制」『公法研究』第 57 卷、1995、29 頁。

可以对西尾的这一主张进行如下补充说明。在日本这样的后发民主主义国家，没有类似在君主立宪制阶段由占据优势地位的议会掌握行政权的经历。在官僚机构寻求直属于君主从而获得强大正统性并以此与议会势力对抗的脉络中，每当行政国家现象有所进展，官僚机构所拥有的权力就进一步加强。政治制度过渡到现代民主制，虽然议会势力拥有了很强的正统性，但还没有足够的力量直接运作由官僚势力所掌握的政权。这样一来，行政机构的实际承担者是官僚势力，作为政治领导集团的内阁很容易被形式化。将权力分立框架进行机械式应用，以此对议会与内阁的均衡、对抗关系加以论述，则会将其原因归于政党势力同官僚势力的对抗。关于这一点，西尾强调，议会内阁制是一种以使非民选势力从属于民选势力为目的的制度，后者比前者在这一制度中更具有优势。

西尾指出，从行政国家中官僚机构由民选势力统管这一问题意识出发，过去宪法学领域的制度理解和行政定义有其局限性。西尾认为，既然行政学将权力分立的变化及现代公务员制度的确立作为出发点，那么他则将由官僚制度这一非宪法机关的发展所引发的宪法构造变化本身作为考察的出发点。

对于这个问题，可以将以下三个问题作为考察的中心课题。第一，现代议会内阁制是以议会为最高国家权力机关的政党内阁制。第二，议会内阁制是议会及内阁、执政党对官僚机构加以统管的制度。因此，将内阁与根据资格任用制组成的官僚机构一并称为行政机构的这种措辞并不恰当。第三，关于立法功能与行政功能的关系，法案、预算案的立案与提案和议会对其所进行的审议、决议之间存在重要关系。[1] 西尾对这一问题的关注，与松下圭一提出的国会内阁制即试图将国会的最高机关性实质化的观点相同。

需要重点指出的是，并不能将适用于三权分立框架的行政机构看作铁板一块，有必要对行政机构中政治性要素和行政性要素的分工加以认识。虽然同为行政机构，但作为领导机关的内阁也是议会

---

[1]　西尾勝「議院内閣制と官僚制」『公法研究』第 57 卷、1995、30 頁。

多数势力的领导集团，由国民选出这一点是其正统性的根据所在。与此相对，对于依据资格任用制组成的官僚机构，专业能力则是其正统性的根据所在。于是，在两者之间存在着内阁进行指挥、监督，官僚对此予以服从的绝对关系。在以前对并列式三权分立的理解中，实质上承担行政工作的官僚在权力分立名义的庇护下，允许其对政治性统管和牵制予以规避。这里并不是将行政机构视为一个整体，而是认识到其中对政治与行政的分工，有必要将针对官僚的统管实质化。之所以这样，是因为西尾在关于行政的定义方面，并没有采用立法—行政—司法这种以三权分立为依据的定义，而是重视政治—行政这种定义。

于是，就像在第一章中所介绍的那样，西尾主张，在政治与行政之间应该存在统管、分离、联动这三种关系。① 所谓统管，是指政治领导层对官僚机构进行指挥、监督，使其实现政策的关系。而分离是指确保行政的中立性，即政治不对日常性行政事务进行干涉这种关系。至于联动，则是指各有所长的政治势力与官僚为了政策的立案、实现而进行合作的关系。这三种关系并不是事前沟通式的共存。为了整合统管与联动这种很可能在现实中发生矛盾的关系，在政治与行政间的交界处起到衔接作用的机构就变得重要起来。

以欧洲各国为例，其内阁制度框架大致有两种类型。一种是英国所采用的，大量执政党政治家就职于行政机构，在官僚机构中贯彻其政治性领导的类型。另一种是在一定级别以上行政岗位的任命过程中，排除资格任用原则，采取从职业行政官中选出对执政党表示政治性忠诚的官员，通过对其进行政治任命的方式补足岗位，德国和法国采用这种制度。在这种情况下，一旦发生政权更迭，干部、职员也将进行更迭和重新任命。今后，对于日本内阁制度的运用方式，西尾表现出如下期许：职业行政官党派化这种状况得以发生戏剧性变化，其所希望的英国式政治家任用得以扩大。②

---

① 西尾勝「議院内閣制と官僚制」『公法研究』第 57 巻、1995、32－39 頁。
② 西尾勝「議院内閣制と官僚制」『公法研究』第 57 巻、1995、42 頁。

第三章　内阁制度的争论

上文介绍了西尾所提出的问题，其可以被评价为是领先于此后不久所进行的内阁制度和政官关系相关制度的改革。松下也好，西尾也好，他们都拥有对抗官僚支配，将民主主义实质化的问题意识。从这样的观点出发可以明显注意到，以往的宪法构造本身为官僚提供了很大权力以及对抗政治性批判和统管的防护罩。正是因为如此，政治学一方才对宪法学说的陈腐予以批判，决定对寻求适合于现代民主制的运用进行提案。针对改变内阁制度的运用方式，宪法学和政治学都进行了提案，关于以发挥政治性主动为目的的制度改革，其必要性在 20 世纪 90 年代以后得到了很多国民的认可。问题进一步推进，变成了如何使成为政治主导的制度更加丰盈化、具体化。

第四章　内阁在政治变动中的变革

一　20 世纪 90 年代的改革与统治机构的再讨论

（一）　自民党政治的动摇与内阁

上一章对内阁改革论的发展进行了说明，与之并行，本章将对 20 世纪 90 年代以后日本内阁制度及其运用的变化进行解析。20 世纪 90 年代又被称为"改革的十年"，政治、行政的诸多制度在这个时期得以改革。迄今为止所叙述的内阁制度也是改革的一大课题。首先，对一系列政治、行政制度改革的原委及目标进行回顾。

20 世纪 80 年代中期，在中曾根康弘的带领下，自民党充分享受着许久未见的长期稳定政权。在内阁强有力的领导力下，日本实行了以三公社①民营化为中心的行政改革。但是，内阁自身并不是政策制定的主体，为打破一直以来官僚机构、自民党的抵抗势力，日本政府设置了具有权威的审议机构，即"第二次临时行政调查会"（以下简称"第二次临调会"），并使之成为改革的主体。因此在第二次临调会的改革议论中，也就内阁综合调整功能的强化这一议题进行了探讨。

1982 年 7 月，在第二次临调会的第三次报告（基本报告）中，提出了以下内容。为确保行政的一致性、体系性，报告认为有必要提高内阁及内阁总理大臣的领导力，并为此充实辅佐、谏言功能。

---

① 指国有铁路公社、日本电信电话公社及国家烟草专卖公社。——译者注

为此，作为充实辅佐机构的具体政策，提案指出对官房副长官及总理大臣秘书官的人员定额日趋固定这一现行制度进行修改，使其更具弹性的同时，以广招人才为目标，推动其待遇趋于弹性化。另外，为处理涉及多个省厅的交叉性政策课题，提出设置无任所大臣①，活用相关阁员会议等提案。

不仅如此，1986 年，对内阁官房进行了改组，设置内政审议室、外政审议室、安全保障室、内阁参事官室及内阁宣传室"五室"，并由局长级官僚担任各室室长。这种设置是期望这些部门能在各政策议题方面直接向首相的领导力提供支持。另外，为及时进行危机管理、应对安全保障问题，由原国防会议事务局重组而成的安全保障室被赋予了辅佐首相的任务。

就中曾根行政改革对内阁官房进行的改组而言，曾有人担心内阁官房将成为指挥总部，支持鹰派中曾根进行的国家主义性政策转换。例如，新藤宗幸就把以上辅佐机构称之为"首相的官僚制"，并预言内阁统治将演变为极为集权的产物。② 新藤认为，自民党在长年累月开展利益分配政治的过程中，其党组织内部形成了所谓"族议员"，即各种利益代表盘踞的局面，这使得无论是执政党还是国家，都陷入一种无法进行有效决策的状态之中。另外，与国内的利害调整相比，当时的国际经济摩擦越发尖锐，因此，建立超越执政党的强有力权力核心迫在眉睫。这种认识在第二次临调会的报告中已经有所体现。在这种背景下，作为支持具有超越性、强有力政府的左膀右臂"首相的官僚制"得以确立。新藤担心，这样的权力中枢会脱离民意的控制而失控，但实际上这仅仅是杞人忧天罢了。

制度改革止步于此，并未波及内阁制度本身，内阁的性质也并未发生变化。中曾根政权时期，阁员任用也与过去相同，以给人焕

---

① 日本对部分承担行政事务，但不担任各行政部门领导（各省大臣）的国务大臣的通称。——译者注
② 新藤宗幸『行政改革と現代政治』岩波書店、1986、103 - 104 頁。

然一新之感为目的对内阁进行周期性改组，接受由派阀推荐的"适龄期"议员，即当选五六次的议员进入内阁。第二次临调会的行政改革并未威胁到政官地下根茎网络组织围绕补助金、公共事业、审批事项进行的活动。以自民党政务调查会小组会为单位的政策调整机制依然健在。田中角荣虽因患病退出政界，但取而代之的竹下登一派，作为自民党最大派阀具有强大的影响力，支撑着中曾根政权的运行。中曾根虽然做了成为"总统型首相"的梦，但并未着手对内阁制度运用本身进行改革。

而后，随着中曾根政权的结束，自民党政治开始变化不定。1987年，竹下登政权成立，双重权力构造问题得以解决。由最大派阀的领导担任首相，自民党内部的权力核心日趋明显。但是，竹下是一位恪守旧有派阀政治路线而达到政治最高点的政治家，并没有独到的见识及政策野心。对于竹下而言，权力本身就是目的，竹下政权并未制订宏大的计划。在"故乡创生"的口号下，政府向全国所有3000多个市町村一律发放1亿日元资金，陈腐的散财政治之风沉渣泛起。

20世纪80年代中期，日本经济即将进入泡沫经济时期，比起中曾根行政改革时期，与政策形成相关的紧张感有所降低。在权力基础稳定的竹下政权中，像中曾根提出的国家改造那样的问题意识逐渐消失，内阁作为统治主体制定政策的构想并未实现。

然而，20世纪80年代末，发生了里库路特事件①，政界陷入一片混乱。竹下政权引咎下台，此后的自民党政权再次呈现短命政权交替上台的局面。另外，在1989年7月的参议院选举中，当时的社会党获得大胜，自民党失去了在参议院中的过半数地位。舆论对政治腐败进行了极为严厉的批判，其中，以选举制度为中心对根本政治制度进行改革的呼声越发高涨。政府组建第八次选举制度审议会，开始探讨代替中选举区制度的新制度。关于内阁，宇野宗

---

① 指日本房地产公司里库路特公司于1984~1985年通过赠送未上市股票的方式向多位政要行贿的事件。——译者注

佑、海部俊树等弱小派阀的政治家受到最大派阀竹下派的支持，这种双重权力构造死灰复燃。

1991 年秋天，在海部政权时期，审议会提出小选举区比例代表并立制改革方案，海部首相开始着手修改公职选举法。但在当时，大部分自民党议员反对进行选举制度改革，特别是最大派阀竹下派，通过使海部政权倒台的方式封堵了选举制度改革的道路。海部首相为推进政治改革法案，发表了"如果自民党反对政治改革法案，即便解散议会也不辞职"的"重大决定"，以竹下派为首的执政党强烈反对海部的决定，反而使海部失去执政党的支持，最终海部被迫下台。这样一来，首相是自民党最大派阀的傀儡这种印象极为生动地展现在国民面前。另外，在确立继任首相的过程中，由于竹下派具有压倒性影响力，所以也曾出现其他派阀的首相候补人须在竹下派事务所进行"面试"的情况。

在接下来的宫泽喜一内阁时期，发生了佐川快递事件①，自民党的地位再次因围绕政治与金钱的丑闻而动摇。竹下派的实质领导者自民党副总裁金丸信因违反政治资金规正法，引咎辞去副总裁、议员职务，后因逃税遭逮捕。竹下派四分五裂，以小泽一郎为实际领导的羽田派强烈要求推进政治改革。而后，宫泽首相也明确表达出推进选举制度改革的决心，1993 年 6 月，围绕选举制度改革草案，自民党发生分裂，在野党提出的内阁不信任案得到通过。由于出现执政党内部派阀对立进一步激化进而引发分裂的情况，国会与内阁也面临着久违的紧张关系。不信任案通过后，经过解散、总选举，非自民联合政权诞生。在这种带有戏剧色彩的政治变化中，舆论对政治、行政根本制度进行改革的关注日趋高涨，无论是在已有政党还是在新兴政党势力中，推进改革的热情越发高涨。

---

① 指自民党副总裁金丸信因在1990年众议院大选前接受东京佐川快递公司提供的 5 亿日元非法政治捐款而辞去自民党副总裁、竹下派会长职务的贪污事件。——译者注

（二）政权更迭的经验与内阁统治的变化——细川政权的划时代意义

1994 年，在细川护熙政权时期，众议院议员选举由中选举区制度改为小选举区比例代表并立制的政治改革关联法案得以成立。由此可以看出，虽然政治环境发生了剧烈变化，但选举制度的变化对内阁制度运用所造成的影响需要数年时间才能够显现出来。

在这个时期的改革理论中颇受关注的是在内阁制度运用方面政治家自己提出的积极建议。从中可以看出，政治家对大胆地进行快速政策转换抱有强烈热情。随着五五年体制这一稳定时期的结束，正如改组政界及政权更迭成为现实那样，政治家自身的构想水平想必也得到了激发。一些领导型政治家似乎已经意识到，日本正处于变革时期，他们对于实现政策转换的热情日渐高涨，在过去的内阁制度中，政治家往往与官僚机构捆绑在一起。

首先，受到关注的是细川护熙的构想。细川曾连任熊本县知事（两届），任期八年，后成为参议院议员，1993 年首次当选众议院议员，并成为非自民联合政权的首相。细川在被任命为首相后的 1993 年 8 月 10 日，写下了如下记录，作为其政权应实行的改革课题。①

1993 年 8 月 10 日

设置临时行政改革总部

在内阁设置以首相为领导的总部，决定在一年内提出以下改革草案。

①强化首相权限　内阁法 6、7、14

②预算编制权移交内阁　内阁法、财政法

③重组中央省厅　国家行政组织法

④确保公务员中立性　国家公务员法 2 等

---

① 山口二郎、生活经济政策研究所编『連立政治　同時代の検証』朝日新聞社、1997、29 頁。

⑤缩小、放宽限制　行政手续法、信息公开法

⑥权限、财源移交地方　地方自治法、地方财政法

⑦扩充和提高市町村的规模、行为能力　地方自治法

⑧推进府县联合、道州制　地方自治法

改革的第一个课题就是强化首相权，值得注意的是，细川还提出了过去从未提及的修改内阁法。也许正因为细川担任过知事，与中央省厅经常在各种情况下产生对立，所以其具有对自上而下的决策体系加以改革的野心。尽管细川内阁短命而终，但其对后续制度改革的构想能够迅速提出具有重要意义。

下面介绍小泽一郎所倡导的以政治主导为目标的制度改革。小泽在 1993 年 5 月公开发行的著作《日本改造计划》中建议，修改内阁制度，在各省厅设置副大臣、政务审议官新职务，大幅扩大政治任命范围。为了使过去作为象征性、形式性存在的大臣和政务次官成为实质意义上的领导，应该将变革政官关系作为目标。① 小泽从担任自民党干事长时期开始，就以遵循逻辑顺序、果断推进事物发展为信条。为排除五五年体制时期所固定下来的"国对政治"②，开始重视与在野党在公开场合的交涉，给人留下了铁腕、不顾一切等印象。

这是对民主政治的不同理解而产生的问题。战后日本民主政治的舆论由于过于担心权力的暴走及独裁，防止权力过于集中论尤为盛行。对此，小泽对民主政治却持有独自的观点。小泽描绘的民主政治是由国民选出的多数派应自发推进与国民约定的政策，若结果差强人意，将在下次选举中被国民更换。在政治学语言里称之为威斯敏斯特模式的内阁制度运用是多数支配型民主政治。小泽认为，

① 小沢一郎『日本改造計画』講談社、1993。再者，作者在同时期出版的《政治改革》中，同样使用了"政务审议官"，建议扩大政治任命范围。『政治改革』岩波书店、1993、138－140 頁。但是，比起政治领导能力的强化，作者当时更关使注官僚机构与执政党之间的地下根茎网络组织表面化、制度化这一点。

② 指日本国会中执政党与在野党的国会对策委员会会长通过私下商议的方式实际掌握国会运作的政治形态。——译者注

党内存在各种利害与主义的主张，然而，阻碍决策的自民党体质才是最应克服的弊病。这种自民党体质是官僚机构割据主义的反映，因此，使内阁本身集权化、一元化才是改变政党政治的根本性改革。为实现在政治主导下实施政策，小泽主张有必要进行内阁制度改革。

这样一来，由于对内阁制度的改革源自实力派政治家的提议，所以这种论述带有现实意义。在桥本政权时代，这种论述虽然以中央省厅重组和内阁制度改革的形式实现，但在对改革内容进行解读之前，首先应该对 20 世纪 90 年代政治家自身为何也对内阁制度的运用予以关注的理由及背景加以说明。。

（三） 内阁的政治发现

1. 行政恶化与内阁无力

在 20 世纪 90 年代，相继发生了五五年体制时期不曾发生的新问题。第一，官僚永不犯错的神话走向崩溃，犯罪和失策等接连发生。毋庸置疑，官僚支配以官僚权威前提。所谓官僚永不犯错的神话是指官僚所做的决定、政策没有任何错误。在一直以来的内阁中，政治一方之所以仅仅扮演着专门提出要求的被动角色，是因为政治家们相信官僚的能力。

但是，泡沫经济崩溃后，政策失误变得越发明显，例如，不良债权处理不及时，以填海造田、修筑大坝为代表的无用公共事业，药害艾滋事件①等。政策的失败不仅使国民失去生命，而且带来巨大的预算浪费。日本的官僚不擅长 "撤退作战" 这点与官僚永不犯错的神话相关联，最初，由于政策往往是正确的，所以无须中途停止、放弃。实现最初的计划，这是行政的程序。这就是导致即使政策失误已经显而易见，日本官僚仍不会直面这一事实，也不会在决策层面尽早考虑善后对策。如果官僚不能做出承认错误、道歉及

---

① 指 20 世纪 80 年代，日本将从美国引进的非加热浓缩血液制剂作为止血剂在血友病治疗过程中，导致多人感染艾滋病病毒甚至死亡的事件。——译者注

补偿等决定，政治领导人就有必要使用权力让官僚开展相关工作。在对药害艾滋事件进行追责的过程中，时任厚生大臣的菅直人备受赞赏。反过来说，这也体现出此前的大臣并未对官僚的丑闻及失策进行追究。

20 世纪 90 年代中期，针对隐瞒失策及腐败的官僚，刮起了一阵整顿风暴。政治家作为制度上的指挥监督者，由于未能对官僚机构进行有效统管及制裁，逐渐陷入失去国民支持的境地。

另一个大问题是为应对泡沫经济崩溃、全球化发展、少子老龄化背景下的全新的社会经济环境，转变旧有的政策成了当务之急。泡沫经济崩溃后，每年都要实施经济刺激政策的现象贯穿整个 20 世纪 90 年代。虽然经济刺激政策只是以补充预算为主，但累计投入的资金已达 130 兆日元以上。尽管如此，这些资金对经济的刺激效果并不明显。即使进入 21 世纪，围绕是否有必要继续投入资金刺激经济的讨论也未能停止，如果考虑到完成所有新干线计划线路的修建需要投入 10 兆日元的资金、完成高速网建设需要 20 兆日元资金的话，就不难理解 130 兆日元的经济刺激资金是一笔何等庞大的费用。在日本政府方面，经济刺激政策的失败如实地讲述着其无法进行宏观决策的缺陷；如果进行集中投资的话，新干线及高速公路网的建设就能够完成。而无法进行宏观决策，就意味着没有可以超越省厅职责分工从而进行整体性决策的主体。如果说有机构能够作为这样的主体，那应该唯有内阁，但内阁的中心地位徒有其表，所以很难成为决策的主体。

如果观察经济刺激政策的形成过程，可以发现，对增加预算规模持消极态度的大藏省在预算制定之初就对经济增长率和税收有所高估。但是，在财政年度内，若发现经济情况并未好转，则会在秋天的临时国会，抑或根据情况在次年年初的正常国会召开伊始，进行补充预算。经济刺激政策的总额虽然最终由内阁与执政党的最高干部决定，但具体的预算分配工作则由官僚进行。补正预算也根据以往的配额进行分配，分配到道路、河川、农业土木等建设发展中。在财政年度内，预算的执行在日程上受到约束，补充预算容易陷入只为花钱的误区之中。显现在补充预算中的多是被原始预算所搁置的"劣质"事业,其结果是投入巨资却收效甚微。从某种意义上讲,与其说政治对官僚支配无能为力,毋宁说其还助长了这一现象。在宏观政策的形成方面,由于大藏省的官僚目光短浅且受到徒有其表的所谓健全财政主义的束缚,故内阁无法进行可贯穿整个年度的长期性、整体性财政运营。另外,就微观分配而言,内阁未能以开阔的视野对以各省厅、局为单位的政策形成主体的个别行动加以控制。反倒是族议员参与了这些政策的形成过程,并对个别省厅的政策形成施以援手。

对于使 20 世纪 90 年代成为所谓"失去的十年"的原因,有分析认为,虽然经济环境发生了变化,但是日本的官僚制没能改变经济政策的范式。当时,有很多评论者指出,有必要将公共投资的内容由建筑业等传统公共事业,转向应对人口机构变化及经济结构变化方面。但是,事前疏通式的政策形成构造并未发生变化,经济刺激政策的相关资金依旧按过去的势力范围进行分配,收效甚微的公共投资得以持续。当务之急并不在于制定全国性统一政策,而在于以发挥地方优势并修正政策中供需失衡现象为目的,分权于地方。改变预算分配份额也好,分权于地方也罢,进行以剥夺官僚组织既得权益为目标的改革才是提高政策效果的关键所在。在这一点上,官僚不可能自动放权,为此,有必要发挥政治方面的领导能力。

2. 政权更迭的教训和政治家关注点的变化

对政治主导越发关注的另一个原因是政权更迭这一经历。1993 年的政权更迭,无论在自民党方面还是在非自民党一方都成为一个重要契机,它重新唤起了政治家对掌握内阁、推进政策的兴趣。

对于自民党政治家而言,初次成为在野党的经历给他们提供了一次能够切身体会其在政策形成过程中是何等依赖官僚的机会。在五五年体制下,对于自民党政治家而言政治是这样一种工作,它意味着将支持者、地方的诉求传达给官僚,从而获取预算。成为在野党之后，政治家与官僚的关系日渐淡薄，也无法对官僚进行利益诱导。作为在野党，即便被要求在国会提出质询，但如何对政府予以追究，自民党仍处于茫然若失的状态之中。① 就此同不言自明的盟友——官僚断绝关系，被置于不得不亲自对政策加以讨论的境地，这对于自民党政治家来说成为其思考政官关系的动机。由于一度落魄而成为在野党，一部分自民党政治家保有这样的热情：那就作为下次获取政权后政府的指挥者，应该比过去更娴熟地利用官僚制并以此推进相关政策的实施。

在这里顺便介绍一则轶事。在村山富市政权中，笔者曾是首相学者顾问团的成员。在自社联合政权中，如何发挥社会党的作用，带着这样的问题意识，笔者担任了首相顾问一职。有一次，村山这样对笔者说：

"日本的官僚非常优秀。社会党出身的我如果成为总理大臣的话，我一定会好好记录这一点。"

首相就其信念、施政方针发表演讲，为其撰写讲稿是首相秘书官及内阁官房职员的工作，他们是大藏、外务等各省的精英官僚。的确，这些优秀的官僚在身为社会党委员长的村山首相的施政方针中嵌入了人权及环境等关键词，写出了一篇像样的演讲稿。接触到这样的实际情况，很多政治家开始注意到仰仗官僚进行的内阁运行是何等反常。

对于非自民党政治家而言，执政党经历成为其对政官关系及内阁运行加深认识的契机。无论是曾经的在野党政治家，还是脱离自民党的政治家，他们对旧有政治体系的批评、对改革的热情引发了政权更迭。官僚机构本身也是改革的重要对象。因此，政官关系从一开始就非常紧张。由于是联合政权，执政党的政治基础并不稳定，所以在细川政权时期，改革并未取得成果。另外，由于村山富市政权时期的最大在野党是自民党，所以制度的根本

---

① 山口二郎、生活经济政策研究所编『連立政治　同時代の検証』、48－49頁。同书的表述，以对加藤纮一的采访为基础。

性改革并未实现。① 对于以通过政权更迭实现重大变革为目标的政治家而言，两个联合政权留下了深深的遗憾。正因如此，在将来发生真正的政权更迭之时，有必要配备一套由内阁主导政策推进的体制，这种认识在政治家间尤其是 20 世纪 90 年代新政党成立高峰时期进入政坛的年青一代政治家间迅速蔓延开来。

以政权更迭为契机，一些可以说没有沾染官厅"情理"的政治家得以进入内阁，作为将此前对内阁制度运用的疑问诉诸社会，并将进行改革的必要性变为社会共同认识的有功之人，菅直人（在第一次桥本政权中担任厚生大臣）就是他们的代表。他把担任大臣的经历进行总结，并编辑成册，该书也成为有关日本政权更迭及内阁实况的宝贵资料。②

首先，该书记录了菅直人在接到厚生大臣委任状的同时，收到了来自厚生省大臣官房长官"恭祝升迁"的贺词，对此，他深感违和。③ 对官僚而言，这只是普通礼节，但这种贺词本身就显示出迄今为止大臣与官僚的关系——大臣是官僚的上司。接受命令、监督的客体向实施这些行为的主体道贺，的确是十分傲慢的问候。按照常识，大臣是在数月或一年多的时间里成为官厅最高责任人的客人，对于官僚而言，大臣并不是其接受具体指挥、命令的统治者，而是其需要在各方面予以照顾，在妥善履行大臣职责方面提供协助的对象。这种关系首先表现在贺词上。

接下来令菅直人感到困惑的是就任大臣后召开的第一次记者招待会。按照日本的惯例，大臣在得到天皇的认可后，将立即召开第一次记者招待会。借此机会，大臣将阐述自己的抱负，并对在各个领域推行何种政策加以说明。但是，菅直人在接到首相官邸的通知之前，并不知道会出任何职。在这之后很短的时间内，需要自己准备在首次记者招待会上的演讲，着实存在一定困难。更何况，如果

---

① 在桥本联合政权担任经济企划厅长的田中秀征，不无自嘲地回顾说，大臣就像漂浮在官僚机构海洋中的椰子。田中秀征『日本の連立政治』岩波書店、1997。
② 菅直人『大臣』岩波書店、1998。
③ 菅直人『大臣』、75 頁。

碰上从未涉及过的政策领域，将难上加难。实际上，按照惯例，应由大臣官房的负责人准备新任大臣在记者招待会上的讲稿。但是，从就任后旋即召开的记者招待会这一节点开始，大臣就被官僚所吸纳。在第一次记者招待会上的讲话将对大臣日后的工作起到约束作用。作为官僚，为了确保其行政的持续性，其会在记者招待会上使用的讲稿中加入不会得罪人的内容。从担任众议院议员时起，菅直人就特别关注药害艾滋事件，他又是在国会提出质疑，又是与被害者团体进行接触，在视角和信息收集方面具有独到之处。因此，在记者招待会上他也要用自己的语言进行表达，在谈及药害艾滋事件的被害者以国家为对象提出损失赔偿诉讼时，他说："希望再次认真调查此案。如果能进一步明确事实关系，责任问题自然也会更加清晰。"[1]

　　实际工作开始后，首先由官僚进行被称为"大臣讲义"的说明。这项工作旨在让各局、课对其行政现状及未竟事宜的未来走向加以说明。据菅直人回忆，当时的情况是30多名官僚接连对他一人进行集中说明。[2] 这种被称为"讲义"的工作，也反映出政策的持续性及官僚的优势地位。如果大臣是所在省真正意义上的领导人，那么按照原本的关系结构，官僚应该询问大臣的政策意向。但事实上，大臣好比漂浮在官僚机构这片汪洋中的椰子，不得不独自处理各种问题。由此可以看出，在政策转变及对行政失策进行追责方面，大臣很难发挥出其政治领导力。在各省级别的官僚机构中，几乎没有能够对大臣予以支持的政治性工作人员。唯一的例外就是政务秘书官，当时，与大臣并驾齐驱的政务次官一般由国会议员担任，在官厅拥有一席之地，但其与大臣在任期内几乎没有任何往来，菅直人如是说。[3]

　　在这种困难的情况下，菅直人行使其作为大臣的指挥监督权，下

---

① 菅直人『大臣』、78 页。
② 菅直人『大臣』、83 页。
③ 菅直人『大臣』、159 - 160 页。

令对药害艾滋事件相关资料进行调查，并发现了有关文件。即便他一再坚持查明真相，要求对省内资料予以调查，但官僚最初对此持消极态度。菅直人依据文件对具体调查内容做出指示，终于组建起相关调查团队。当菅直人要求进一步公开相关信息时，官僚以"只告诉大臣"为由，继续维持其对全社会采取的秘密主义思维。对官僚而言，完全是第一次遇到会竭尽全力对其失策及丑闻进行彻查并追究责任的大臣。① 这样的事实公开体现出政权更迭带来的巨大成果。

3. 内阁的政治化

对政官关系、内阁制度运用的关注的高涨，可以说是对内阁政治的发现。以往的内阁被定位为行政机关的最高机构。如前文所述，内阁极力排除政治性要素，以首相和阁员身份进入内阁的政治家，其政治色彩也消磨殆尽。例如，首相很少以自民党总裁的立场行使权力，即使在国会就证人传唤及政治逻辑问题上与在野党对立、产生纠纷，首相也会再三表示，国会的问题交由国会处理，其本人并不参与其中。正像上述发言所体现的那样，权力分立原理中将立法机关与行政机关相分离的构想，在战后民主政治中被继承下来，作为内阁一分子的首相及阁员，并不需要兼办政党决策及运作。在这种制度的运用中，国会体现政治性要素，内阁则主要体现专一的行政要素。这就是松下圭一所说的官僚内阁制的特点，在前文中已有所介绍。

政治与行政的接触，是通过国会中议员对政府的批评及追究，还有自民党和官僚机构通过其地下根茎网络组织进行的事前疏通及意见征求两种形态完成的。前者是在国会进行的公开接触，主要由在野党与行政机构进行。执政党议员虽然也提出质询，但基本上都是以拥护政府为主的讨论，没有什么紧张感可言。在野党的质问虽然给官僚们带来紧张感，但主要是以批判、攻击为主，通常缺乏具体性政策。之所以这样，是因为在野党终究不能摆脱其作为少数派这一宿命的限制。通过地下根茎网络组织进行的调整是以政策的现

---

① 菅直人『大臣』、84 頁。

状为前提的，在此基础上，政策调整的主要目标在于，对其实施及运用中的具体要求进行传达，并在政策修改方面形成统一意见。然而，根本性制度改革及政策转变并不是由政治方面提出的。

综上所述，无论是在野党的国会质询，还是执政党通过地下根茎网络组织进行的投入，大规模制度改革及政策转变的推进依旧软弱无力。为实现上述工作，有必要使在制度上对官僚组织拥有支配权力的内阁政治化，让其能够提出新的政策课题，并对官僚组织的活动进行督促，这一点在政权更迭及联合政权的情况下终于开始得到理解。如果内阁能够实现政治化，那么政治与行政的接触，将不会在国会与官僚机构、自民党本部与官僚机构间展开，而是在由政治家构成的内阁与官僚机构间进行。这样一来，从 20 世纪 90 年代后半期起，内阁运用及政策内容开始发生较大变化。

内阁政治化的必要性源于在这个时期政策课题发生质变这一先决条件。先不考虑药害艾滋事件，在这个时期，对失策及丑闻的追究，还有对地方分权及放宽规则等政策转变成为重大课题，并获得了舆论的支持。但是，对于这些课题，官僚并没有主动付出努力。所以，身为政治领导人的大臣，以及作为其协商机构的内阁必须发挥实质性力量，这是不可或缺的。在这个意义上，对适合领导力发挥的制度加以构想自然成为当务之急。

二　桥本行政改革和内阁制度改革

（一）制度改革的目标和效果

1. 桥本行政改革概要

1996 年 9 月，首相桥本龙太郎解散众议院，于 10 月举行小选举区比例代表并立制下的第一次总选举。在此次选举中，出现了自民党和新进党争夺政权的局面。这种带有政权更迭可能，由两大政党展开激战的选举在战后还是第一次。与此相应，桥本首相为了获得国民支持，也提出了有魅力的政策。而且，由自民、社会、先驱三党联合组成的桥本政权是村山富市政权的继任者，其肩负着使国民接受村山富市政权所决定的提高消费税税率这一重大课题。另外，在那一年，发生了厚生省承认在药害艾滋事件上负有责任，并达成和解的事件；再加上为处理住宅金融专门公司（住专）的不良债权，政府投入了6850亿日元的公共资金，出现了从处理不良债权开始由国民承担相关费用的事件，官僚的失策和罪行遭到舆论的严厉批判。正是由于处在这样的状况之中，行政改革才成为总选举最大的争论焦点。

自民党经过总选举成为第一政党，桥本政权得以维持。第二次桥本政权履行选举公约，将行政改革作为最重要的课题。1996年11月，桥本成立了由自己担任议长的行政改革会议，以重组省厅、强化内阁功能为目标，将行政改革的构想在会上进行了讨论。该会议于次年即1997年12月提出最终报告，这一报告几乎原封不动地在1998年6月被法治化，成为中央省厅等改革基本法。进而，以该法律为基础，1999年7月，达成了中央省厅等改革关联17项法案，并自2001年1月起，开始施行新的行政体制。

2. 内阁制度和成员配备

强化内阁综合调整功能和确立首相领导权是行政改革会议的最重要课题之一。具体来说，根据内阁法的修改，谋求在内阁中强化总理大臣的领导权。新内阁法第四条第二项规定："内阁会议由内阁总理大臣主持。在这种情况下，内阁总理大臣可以就与内阁重要政策相关的基本方针和其他事宜提出议案"。这里所说的"与内阁重要政策相关的基本方针"，依照内阁的官方见解，应理解为对外政策及安全保障政策基本方针、行政及财政运行基本方针、经济整体运行及预算编制基本方针、行政机构组织及人事基本方针等。

在此之前的内阁制度中，由于首相拥有自由任免大臣的权力，所以首相可以在内阁中发挥其领导力。但是，在内阁制度的运作中，内阁并不是开展政策讨论的实质性场所，而是形式上的决策场所。因此，为对首相领导力进行制度化说明，进行了上述修改。

另外，在行政改革会议在议论中，针对以内阁会议全体一致为用意的内阁法第六条"以内阁会议决定的方针为基础"，总理大臣对行政各部门加以监督这一规定，怀疑之声越发强烈。在以内阁会议全体一致为原则的制度下，反对分论变得轻而易举，但无法进行机动性决策的批判之声随之而来。最终，未能进行制度改革。在宪法学中，从内阁对国会负有连带责任这一议会内阁制的原理出发，内阁会议的全体一致被认为是一种直接指导原则，所以内阁会议未能导入多数决定制度。就这一点而言，由于首相行使提议权，则可以期待其对内阁的议论进行实质性主导。

同时，在内阁中强化支持综合调整及首相领导力的组织机构也是桥本行政改革的重要成果。具体来看，提出增加内阁官房副长官名额，增加内阁总理大臣辅佐官名额，新增候补内阁官房副长官、内阁报道官、内阁宣传官，灵活设置内阁总理大臣秘书官名额。此外，设置内阁府以取代过去的总理府，并在此设立经济财政咨询会议、综合科学技术会议、男女共同参与规划会议、中央防灾会议四个咨询机关。受到特别任命的国务大臣担任这些会议的长官，进行各自领域的政策调整、推进。桥本行政改革对审议会进行了进一步削弱，在之前共计211个审议会中，"审议基本政策的审议会"有176个，这一数字被削减至29个。在对审议会进行整合的过程中，在内阁设立了比过去拥有更大权威的审议会。按政府的相关解释，这些会议被称为"重要政策会议"。[1] 为使其充分发挥作为"智库"辅佐内阁及内阁总理大臣的功能，由内阁总理大臣及内阁官房长官担任议长，相关大臣和有识之士参与其中，在这一点上，其与以往的咨询机构呈现出不同特征。这些会议反映了这样一种方针，那就是从经济界及学术界任用委员，在内阁中枢的政策调整及政策讨论中，加入职业行政官僚以外的因素，即非官僚势力。

3. 围绕内阁的宪法解释转变

虽然涉及具体组织、制度的改革规模也相当可观，但日本内阁史上最大的变化乃是桥本首相对议会内阁制相关宪法理解的转变。

---

[1]　http//www.cao.go.jp/conference/conference.html。

过去的宪法理解，如前文所介绍，以形式上的三权分立原理为基础，采取将立法机关与行政机构置于并列地位的方法。将国家权力分为三部分，由选举产生的国会议员负责行使立法职能，由拥有专门资格的法官负责行使司法职能，剩下的国家职能则由行政机构承担，其具体工作由职业化行政官僚负责，这就是传统的宪法理解。因此，宪法第四十一条"国会是国家最高权力机关"的规定只是一种政治性美称，立法机关和行政机构并不是上下级关系。

与此相对，桥本行政改革则使得对宪法第四十一条的理解发生了根本性转变。如果以国民主权为前提，那么被国民直接选任的国会最为贴近国民，与其他国家机关相比具有更强的正统性。而国会指定行政机构首长——内阁总理大臣，再由其任命行政各部门大臣，并对最高法院长官进行任命。像这样，如果站在依照国民的意志构建国家机关的立场上理解，国会才是国家机关的基础，"国家最高权力机关"就有了实质性意义。相关解释发生这样的变化具有重大意义。首先，国会作为体现主权所有者——国民意志的机关，其强大的正统性得到承认。其次，总理大臣作为最高国家权力机关——国会所指定的政治领导人，位列行政机构之首，被置于可以对行政机构进行指挥、监督的地位。最后，由首相任命的大臣所组成的内阁，作为政治性领导集体，能够对行政机构进行集体性指导。因宪法理解的转变，行政机构官僚服从国会，进而服从国会指定的总理大臣及由其任命的内阁成员这种上下级关系得以明确提出。在这一新宪法解释之下，内阁的政治化得以实现（见图4-1）。

在此，作为体现这种内阁形态转变的证据，将引用桥本总理大臣在众议院预算委员会上的答辩。

桥本总理大臣：的确，在宪法第四十一条中存在国会是最高国家权力机关这样的规定。国会是由主权所有者——国民直接选举产生的议员组成的，是国民的代表机关，从这样的定位出发，在国家机关中，国会无论如何都是最为接近主权所有者，并且最适合处于最高地位的机构，这样的宗旨自然而然被

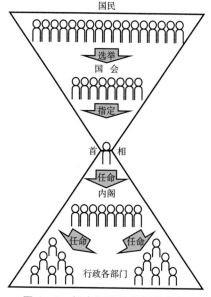

图 4 - 1　桥本行政改革后的内阁

资料来源：总务厅手册。

如实体现出来。

　　同时，宪法作为国家基本法律制度，采用通常所说的三权分立制度，这样一来在行政权和司法权的关系中，国会的想法往往处于优先地位，这恐怕并不是我一人之感，在被定位为最高机关的情况下，人们多少会感觉到在国会与司法的关系中出现了微妙的问题。

　　至于国会与内阁的关系，宪法第六十五条虽然规定"行政权归属内阁"，但同时宪法也采用了议会内阁制，承认国会通过对立法和预算的表决权及要求国务大臣出席或进行答辩等权力对行政权进行统管。并且宪法规定"内阁在行政权的行使方面，对国会负有连带责任"。因此，我认为，将行政权的行使全部交给内阁的政治性责任，或者建立在对这种政治性责任进行追究之上的行政监督权，理所当然由国会掌握。（众议院预算委员会 1996 年 12 月 6 日议事记录）

这一首相答辩的内容可以理解为对"政治性美称论"的否定。在发生这种解释转变的背后，行政改革会议学者委员等的影响不容忽视。在行政改革会议中，佐藤幸治（京都大学，宪法）和藤田宙靖（东北大学，行政法）作为委员参与其中。他们对桥本行政改革转变"国家形态"的事业予以积极评价，怀着强烈的热情参加会议且提出了制度建议。

4. 行政改革会议报告所体现的宪法观和民主主义观

这里将再次对行政改革会议的最终报告加以验证，明确其宪法观、民主主义观。对于行政改革会议所提出的建议，恐怕有各种各样的评价，但不得不承认的是，这一会议的改革建议是以日本宪法和国民主权、民主主义等原理为依据的。首先，最终报告对日本政治、行政现状的认识进行了如下陈述。

宪法序言中所说的"主权在民"，明确体现出这样的理念：作为由这种自律性存在的个人所组成的集体，"吾等国民"作为统治主体，在构筑自律性个人生活，即重视个人的尊严和幸福的社会以及谋求国家健全运作方面负有责任。

这样一来，此次改革的目标理念得以明示，那就是以国民主权原理为立足点，进行使国民作为主体统治国家的制度整顿。

此次行政改革，在"行政"改革的同时，也是国民对习惯于在明治宪法体制下作为统治客体的立场，以及战后也往往依存于行政的"本国应有状态"这种自我的改革，换句话说，是与形成国家的"吾等国民"这种自我相关的改革。回忆起吾等日本国民所秉持的优良传统，以日本宪法所树立的精神为依据，对其加以洗练，重新构筑"国家的形态"，这本身也是此次行政改革的目标。

对依赖政府论加以批判的言论，过去屡次被进步派所使用。但

第四章　内阁在政治变动中的变革

是，与其说行政改革会议在没有独立个人及民主主义并不彻底方面
与进步派持相同论调，倒不如说这些议论成为改革的杠杆。行政改
革会议在很大程度上受到历史小说家司马辽太郎的影响。并不能完
全将官尊民卑和顺从主义视为日本的传统，在发现独立个人这一点
上，行政改革会议和进步派有所不同。对官僚支配进行彻底批判，
这是与过去政府审议会截然不同的态度，这一点也成为舆论对行政
改革充满期待的原因。报告对过去行政和官僚支配进行了如下
批判。

> 最为首要的是有必要以国民的统治客体意识、行政依赖
> 体质为背景，对当时行政是否过分介入国民生活各个领域的
> 现象进行根本性反省。坚决实行对绝对性规定的废除和放宽，
> 应当授权民间的即授权民间，且必须减少国家对地方公共团
> 体所进行的地方自治的干预。"公共性空间"绝不是中央
> "政府"的独享之物，这一点作为改革的最基本前提必须得
> 到重新认识。
>
> 战后，行政所存在的这些问题，换言之，是政策规划部门
> 由被个别事业的利害和制约所束缚而僵化，实施部门轻视利用
> 者的便利而没有效率，不透明的封闭性决策过程和政策评价与
> 回馈功能的缺失，各省厅的割据、在自身管控领域不允许其他
> 省厅进入的专权式与"领土"不容侵犯式的职能体系所造成
> 的整体调整机能不完善。可以说寻找上述问题的解决办法，无
> 疑才是现今我们应全力以赴进行的行政改革的核心所在。

行政改革会议的基本认识是，日本直面的问题往往在于行政对
于市民社会和经济活动的过度干涉、抹杀其活力这一点上。而且，
官僚组织自我修正能力的欠缺，使时代变化与行政间的龃龉逐渐扩
大，这正是导致今日停滞、闭塞状态的原因。公共性空间并非中央
官僚独享之物的说法在以首相为议长的政府审议会也得到认同，这
显示出时代的变化。

接下来，作为行政改革的目标，列举以下四点：第一，确保综合性、战略性；第二，重视机动性；第三，确保透明性；第四，追求高效性、简单性。在达成上述目标的基础上，内阁制度的改革被当作重要战略课题。对此，报告做出如下叙述。

　　　首先，从确保综合性、战略性的观点出发，以基本性政策的企划和起草、重要政策综合调整能力的提高等为目标，对官邸、内阁功能加以强化。这将极有助于确保行政机动性。

这一方针在很大程度上反映了委员佐藤幸治的思想。在此，让我们一同了解佐藤对于内阁和行政的思考。佐藤虽然在行政的定义问题上支持排除论，却有着与受到德国国家学影响的传统权力分立论不同的思考。其实他所关心的是英美法式的法律支配如何在政治、行政中得以实现这一点。他对行政权的定义做出如下表述。

　　　与其说最初，"行政权"立足于国民主权，是在国会为"最高国家权力机关"，是"国家唯一立法机关"的日本宪法下，拥有实体的先验性产物；毋宁说在日本宪法体制下的"行政权"，基本可以解读为依据国会制定的法律而被赋予具体内涵的产物。[1]

作为法律秩序模式，佐藤将德国模式与英美模式进行了对比。德国模式的法律秩序建立在理性的、严格的法律体系基础上，实现了具备整体性、组织性、能动性的"垂直下降型秩序"。它呈现出这样一种形式，即根据对法律体系中的上层规范进行逻辑性解释，从而制定出解决具体问题的具体性规范。在这种秩序下形成的中坚力量，不言而喻是行政官僚机构。于是，为预防危害的发生，由行

---

[1]　佐藤幸治「日本国憲法と行政権」『京都大学法学部創立百周年記念論文集 2』有斐閣、1999、42 頁。

政进行的事前调整和限定受到重视。与此相对的英美模式，则将议会所制定的法律适用于法院和行政机构的具体问题上，以归纳主义、经验主义为逻辑形成秩序。在日本，明治宪法体制采用了德国模式，构筑起官僚支配体系。但是，战后的日本宪法则采用了英美模式的法律支配，所以佐藤认为，不得不以适应这种理念为目标对行政的理想状态进行定义。[①]。

进而，关于行政的定义，佐藤对执行与行政加以区别。所谓执行，就是对整体国政的政治性统治，而行政则意味着法律实施这种固化式作业，内阁则被规定为执行主体。与此相关，佐藤就宪法第七十三条所述"内阁忠实地执行法律"这一条文的含义进行如下说明。按理说，施行法律的是行政的各个部门，内阁则发挥对这些部门忠实地执行法律进行监督、指导的作用。如果想使这些作用有效，应发挥以国政运行相关的综合战略、综合政策性构想为基础的综合调整能力。宪法第七十三条所说的"总理国务"正意味着这样的作用。[②] 佐藤将这种解释与美国宪法进行了对比，并将其从日本宪法的英译本中导出。总统制和议会内阁制纵然有所不同，既然日本宪法采用了英美型法律支配，那么就应该使其适用于美国的制度原理。他还说，内阁拥有执行权，能够对这一权力的具体内容进行规定的应该是"最高国家权力机关"，同时也是"国家唯一立法机关"的国会。

另外，关于内阁与国民的关系，佐藤提倡进行如下模式转换。

过去，国民与国会被视为一体，由这种"政治"对由内阁和行政机构（官僚）一体化而成的"行政"进行统治。应该取代上述思维方式，向下列模式转换，即树立将国民、国会、内阁三者共同视为"政治"的理念，由这种"政治"对

---

① 佐藤幸治「日本国憲法と行政権」『京都大学法学部創立百周年記念論文集 2』、44 – 45 頁。

② 佐藤幸治「日本国憲法と行政権」『京都大学法学部創立百周年記念論文集 2』、46 – 47 頁。

行政机关的专业化、技术性能力进行有效利用，并加以控制。[1]

国会中在野党的定位并不明确，佐藤在这里提出的模式等同于本书所叙述的权力融合模式，或者可以说与高桥和之所倡导的国民内阁制基本上是同一种主张。也就是说，执政党在党首＝首相向国民所提出的基本政策上达成一致，团结一致推进这些政策，这种高凝聚力政党模式被认为是这种议论的前提。

自 20 世纪 90 年代前半期的选举制度改革开展以来，英国威斯敏斯特模式成为日本的改革方向，小选举区制度得以引入。虽说这一矢量推广到内阁，但只是行政改革会议上的内阁职能强化改革。佐藤在文章中也对高桥和之所提倡的国民内阁制论表示同感。他的内阁职能强化论与上一章所述西尾胜的议论等从同样的出发点进行问题设定。如果用本书的话来说，佐藤也认识到内阁政治化的必要性，意图在行政改革中对此加以推进。

同时，读卖新闻社社长渡边恒雄也作为委员参加了行政改革会议。渡边将社论作为推动宪法修改的中心，该新闻社屡次发表具体的宪法修改草案。其中，强化内阁职能、强化首相领导权力也是其修改的关键部分之一。读卖新闻所倡导的宪法修改也是将国民主权和民主主义当作大前提，将创建在政策形成和危机管理方面拥有强大处理能力的内阁作为其目标，并加以宣传。[2] 特别是首相不经过内阁会议决议能够直接对各省厅进行指挥，紧急情况下不召开内阁会议即可对行政机构进行指挥、监督等事宜是读卖新闻所主张的宪法修改具体内容。

5. 内阁政治化的政治背景

学者和媒体之所以积极提出宪法解释，是由于一部分学者和媒

---

① 佐藤幸治「日本国憲法と行政権」『京都大学法学部創立百周年記念論文集 2』、61 頁。

② 読賣新聞社編『政治・行政の緊急改革提言』読賣新聞社、1998、67 - 68 頁。

体对战后宪法体制的一成不变及作为其负面效应的闭塞性予以重视。不过，佐藤的想法不同于以拥护宪法为至上目标的传统战后宪法学。参加行政改革会议的学者，比起创造出传统宪法学中对权力加以抵抗和抑制的契机，更为关心制度的创造。当然，他们是在战后宪法体制下将国民主权和民主主义原理作为基本而进行研究的一代，向复古式的权威主义和官僚支配转变不可能成为他们的选择。战后业已 50 余年，日本的民主政治面对冷战格局崩溃和全球化等大环境的变化，促进政策形成的能力尚不充分，处于闭塞状态，他们也因此产生了较为强烈的焦躁之感。于是，他们为了彻底行使国民主权、打开政治闭塞状态，认为应该创设出一种得到国民大力支持的强大且有效的领导权，其对制度改革的构想正源于这一点。

传统宪法学和佐藤幸治观点的关系正如进步媒体与读卖新闻间的关系。以朝日新闻为代表的进步媒体，为以护宪为目标的反修宪派社会学者提供了发声平台。在此议论中，战后民主主义宪法体制被置于反动势力的挑战之下，保护这种制度成为其实践性课题。他们认为，即便是以民主主义为基调的制度改革，一旦打开制度变化的大门，反动性的修宪将无止境地进行下去，他们对此持有危机感。渡边所率领的读卖新闻对于这样的进步言论持强烈批判的态度，于 20 世纪 90 年代将修改宪法作为社论予以推进。进入行政改革会议可以说给予渡边一个实现制度改革的绝佳机遇。渡边和读卖新闻都认为，作为其目标的修改宪法并不是复古、反动的行为，他们主张创出一种制度，这种制度能够使在民主主义和国民主权原则下赢得支持且强有力而有效的领导权变为可能。这些学者和媒体的共同之处在于，不满于制度上的墨守成规，对改造出一套能够适应现实激烈动荡的制度充满热情。

对于上述学界和媒体的变化，自民党内的一部分高层政治家也有共鸣。创设有高凝聚力的政党，制定使内阁成为名副其实的国政指挥部的制度，这与此前的自民党政治截然不同。不过，这对于以族议员身份与个别利益分配有所关联、以当选次数为依据从而进入内阁的普通政治家而言，却成为无益处可言的改革。那么，作为政府，为什么要积极提出包含对自民党政治予以自我否定的内阁制度改革呢。这里应当有一些政治目的在发挥作用。

行政改革会议的活动，不可能不体现议长桥本首相的意图。要想知晓桥本的政治意图，则有必要对当时的政治环境有所了解。桥本政权是自民党自细川政权上台而沦落为在野党之后，再次获得政权，再次由其党员担任首相的第一个政权。当时，非自民党阵营以小泽一郎为中心组建了新进党，这被广泛宣扬为日本两大政党制的诞生。新进党集中了与自民党相对抗的政策构想。在 1995 年的参议院选举中获得大胜，逐渐成为自民党的威胁。1994 年，小选举区比例代表并立制得以确立，可以想象，在下一次总选举中，自民党和新进党将围绕政权归属展开激烈争夺。在这种状况下，对桥本而言，当务之急在于使自民党摆脱无凝聚力可言的利权政党形象。在小选举区的竞争中，这一点尤为重要。就小选举区而言，党首的形象以及政权政策较之中选举区有着更为重要的意义。自民党与新进党同样打着改革的旗号展开竞争，有必要使自民党是改革主体的印象在国民中得到广泛传播。由于受到上述原因的共同作用，以内阁政治化为目标的制度改革得以推进。

6. 国政改革向资源分配转换

桥本政权对内阁制度所进行的改革是以小政府为口号的行政改革的一环，在这个意义上，强有力的内阁与新自由主义的经济政策密切相关。此外，在同一时期，以重新定位日美安保体制为目标的日美协议开始进行，围绕冲绳美军基地的存续问题，日本政府同冲绳县之间进行了紧张交涉。美军基地的土地征用问题遭到了冲绳县的反对，征用手续未能顺利推进，一时间还发生了基地不法占有民间土地的事件。因此，这导致建立强有力的内阁给人以是为了安全保障政策得以迅速决定、实施的印象。这一点遭到了革新派学者的猛烈批判。①

但是，舆论对桥本改革大体上抱有好感。20 世纪 90 年代可谓

---

① 本秀紀「内閣機能の強化」『法律時報』第 70 巻第 3 期、1998 年 3 月。

第四章　内阁在政治变动中的变革

政治的季节，为打破日本的封闭状态，有必要掌握政治主动的认识广泛渗透于社会之中。比起抑制权力失控的抵抗性政治思考脉络，对发挥政治的原有力量以解决悬而未决问题的期待更为强烈。将革新派一直以来有关日本宪法的民主主权理念、国民自主参与政治等讨论纳入行政改革会议的建议之中也成为桥本改革的说服力有所增加的原因之一。

由此，思考此后日本政治的发展，不能不以行政改革会议的提议作为重要变化的出发点。本来，内阁制度的改革与围绕资源分配的实体政策应分属不同性质。如果非要举例说明的话，改变内阁制度，确立政治的优势地位，应该不会与特定的经济政策产生联动。若能使内阁政治化并建立起权力核心的话，是使用内阁的强大权力创建福利国家，还是创建市场主义的小政府，都应该以当时国民的选择为准。但是，在日本历史发展的脉络中，由桥本行政改革引发的内阁制度改革，充当了为小泉政权时代开花结果的"小政府"做铺垫的角色。通过行政改革会议的讨论，小政府论与正义相结合。

在前文中已有所引用的佐藤的文章中，佐藤旗帜鲜明地对官僚统治进行了强烈批判。官僚机构对市民社会和市场经济的过度介入、干涉以及国民对行政的依赖，是 20 世纪 90 年代日本陷入停滞、闭塞状况的根源所在，这种认识是行政改革会议议论的大前提。在这样的脉络下，若打破官僚支配、由国民对政治进行主导的话，则以放宽限制为基调的小政府路线终会浮出水面。可以说，在政治主导、国民主权这种民主化招牌的背后，就资源分配而言，官僚活动领域有所缩小的小政府路线成为隐藏模式。资源分配的小政府路线如得以实现，政府的再分配职能自然而然将有所减弱，这必然导致对弱势群体的保护减少和贫富差距拉大的结果。按理说，国家体制改革应该对实体性的资源分配保持中立，而提出向强者优待型资源分配进行政策转换和设定政策组合是桥本行政改革的特征。舆论赞成以打破官僚支配、彻底实现国民主权为主旨的改革，但并未对其背后所隐藏的资源分配变化进行充分调查、预估。

国政改革与资源分配变化的串通一气是由行政改革会议中议论的偏颇所致。可以推测的是，其深层原因是行政改革会议的成员对"公共"概念的认知仅停留在较为浅薄的层次。借会议委员藤田宙靖在北海道大学法学部进行演讲的机会，笔者向其提出了以下问题。桥本行政改革以简化行政为目标，但最初无论是财政规模和国民租税、社会保险费用负担率还是公务员数量与人口的比例，日本都是世界上屈指可数的小政府。① 行政改革会议提出简化行政之时，是否就日本行政在某种意义上规模过大进行过讨论。对此，藤田并未给出明确回答。恐怕问题并不在于人数与资金方面的庞大，而在于官僚在种种意义上好出风头、进行干涉。

但是，国民主权、政治主导、法律支配等理念往往与小政府无关。曲解国民主权和法律支配的是官僚拥有的极大裁夺权②以及其在事实上恣意制定法律与不接受国民和国会、内阁统管的行为。因此，如能对官僚裁夺予以统管、确保透明性和预估可能性的话，符合国民主权和法律支配的大政府就可以被接受。实际上，倘若国民退休金、义务教育等的客观性基准、规则得以确定的话，合乎法律支配的积极行政就得以进行。

改变国民对于行政的依赖，是培养支持民主主义的独立市民所采取的必要手段。但是，独立市民并非如传言一般常常不得不支持小政府。独立市民根据讨论和选择达成一致，制定客观规则，通过筹集自身所必需的资金，树立起公平的再分配政策。也就是说，独立市民并不需要行政的帮助，他们应该能够在市民同伴团结协作、相互帮助的意义上建立起福利国家。行政改革会议在最终报告中也指出，公共性并不是官僚的独有之物，如此一来，由市民自己对公共性进行定义，从而创造出公平的福利国家也并非天方夜谭。

---

① 每千人所对应的公务员数量为 35 人，是发达国家中最低的，国民收入所对应的租税社会保险金缴纳比例为 35%，与美国几乎处于同一水平。参见山口二郎・杉田敦『現代日本の政治』放送大学教育振興会、2003、32－33 頁。

② 关于战后日本的再分配政策和行政裁度，参见山口二郎『戦後政治の崩壊——デモクラシーはどこへゆくか』岩波書店、2004、第 4 章。

第四章　内阁在政治变动中的变革

领导行政改革会议讨论的学者都是宪法和行政法的研究人员，他们对与资源分配相关的实体性政策不甚关心。例如，佐藤就曾表示，作为行政改革、内阁制度改革的本质，"在对行政的有效范围进行更加明确限定（规则的废除、放宽和地方分权的推进）的同时，首要任务在于明确内阁的地位，内阁作为行政的监督者者，应当发挥高度统治作用，有必要创建让内阁对拥有主权的国民更为负责的体制"①。行政有效范围的限定和明确是两个不同层次的话题。有效范围的大小对于国民主权和法律支配而言并非重要问题。问题在于制定一定范围内行政活动的明确规则，在保证能够对其进行预估的同时，创造出能够让国民追究其责任的手段。但是，正如佐藤叙述中所表现的那样，就国家体制改革和变更资源分配方式这二者之间的关系而言，不得不说其认识尚浅。

在这一点上对桥本行政改革进行批判的革新派学者也存在问题。他们所倡导的国会中心主义过于抽象，在打破官僚支配弊端而建立具体政策决策体系方面的讨论几乎没有具有说服力的论述。福利国家的完善也好，通过和平手段实施安全保障政策也好，强有力的领导应该是不可或缺的，但这样的想法在批判论中尚有待补充。即便说革新派的宪法学者对于官僚有着某种期待和依赖也并不为过。在自民党一党支配体制下，政治就意味着多数派势力的活动，在宪法相关方面，企图修改宪法、对宪法进行扩大性解释、依据党派利害歪曲行政公平而给人留下坏印象的事例不在少数。对此类行为起到堡垒作用的是以内阁法制局为中心的官僚机构。特别是对宪法第九条的官方解释均出自法制局，其在事实上对日本的军事、安全保障政策形成很大制约。关于这一点，佐藤幸治进行了如下表述。

以前在宪法学中，出于某种原因，一般未能对身为内阁

---

① 佐藤幸治「日本国憲法と行政権」『京都大学法学部創立百周年記念論文集 2』、59 頁。

"影子"的真正"实权派"——行政机构（官僚）予以正视，只是将对内阁进行统管这一问题当成无法加以否定的原则性问题（若从稍微犀利的角度看，也许是对所谓的官僚合理主义有着莫名的信赖）。[1]

对于革新派宪法学所关注的防止权力失控而言，经佐藤之手公式化的德国式法律秩序恐怕确实更为合适。比起偶尔依据多数派意志对秩序进行的灵活改造，在超验性、客观性方面得到认可的法律体系具有严肃性，对其进行的严格演绎性解释成为判断政府行动正确与否的标准，此种秩序对权力的动向形成制约。这种法律体系的管理者非官僚莫属。我们也发现有反论认为，革新派宪法学事实上与官僚支配关系亲密。从这个意义上讲，在国民对官僚支配的不满呈爆发状态的情况下，以固定秩序观念为基础的宪法解释在政治上并不具备有效性，这并非无稽之谈。

不过，桥本政权时期发生了前所未有的金融危机，为避免引发恐慌，政府有必要对经济进行积极介入，这就给小政府路线的正式展开提供了机遇。

7. 桥本改革受挫

通过对内阁职能的强化和以下属职员机关为中心的组织体制调整，内阁作为权力中枢的地位得以提升。但桥本并不止步于行政改革，而是提出了地方分权、财政结构、教育、金融等"六大改革"。在自己构筑的体制中，其无疑有强力推进上述改革的意图。但是，在一系列制度改革工作告一段落的 1997 年秋，一场前所未有的经济危机向桥本政权袭来。同年 11 月，山一证券和北海道拓殖银行相继破产，日本经济受到持续冲击，自那以后，政府便一直疲于应对金融危机。接着，在 1998 年 7 月的参议院选举中，桥本政权遭受了意想不到的失败，不得不在改革尚未成功之际下台。

---

① 佐藤幸治「日本国憲法と行政権」『京都大学法学部創立百周年記念論文集 2』、62 頁。

话虽如此，正是桥本本人制造了致使其受挫的原因之一。桥本政权之所以能够在改革路线上一路狂奔，顺利推进各项政策，正是由于最大的在野党新进党自身陷入混乱。但是，在1997年9月进行的内阁改造中，由于让曾经在洛克希德事件中受到有罪判决的总务厅厅长佐藤孝行进入内阁，其支持率大幅下降。此次内阁改造，是第二次桥本内阁自1996年在总选举中获胜后，上台执政一年之际，按照惯例让执政党中坚、老资格议员体验大臣任职的举动。桥本是为了"救济"由于洛克希德事件而远离政治中心舞台，虽多次当选议员但未曾担任大臣的佐藤，才将其招入内阁。用稍有政局讲谈风格的话来说，佐藤的入阁是桥本政权命运走向不幸的重要转机。用更加学术的话来说，桥本政权的内阁制度改革是"画龙而不点睛"，这一点最终通过佐藤孝行进入内阁而如实体现出来。进行一年一度的内阁改造，依照与政治家的能力、适应性无关的当选次数任命大臣人选，是曾经孱弱内阁时代的惯例，标榜改革的桥本不应重蹈覆辙。这也成为反映改变内阁运用旧习难度何其之大的轶事。

（二）国会活性化与政治主导——自民、自由联合政权的改革

桥本首相之后，小渊惠三被选为继任者。小渊惠三政权为了在参议院获得过半数席位，分别于1999年1月、9月与当时的自由党和公民党组成联合政权。就内阁制度运作而言，特别重要的是在自民党和公民党联合政权时期所达成的政策协议。这一协议反映了时任自由民主党代表小泽一郎多年来的主张，即为了实现政治主导而提议进行制度改革。更为重要的是，这一改革并不限于对行政机构进行制度改革，更是将目光着眼于进行以建立新型议会内阁制为目标的国会改革。

在行政机构的制度改革方面，重要的是扩大各省的政治任命范围。具体来说，就是设置副大臣、大臣政务官替代过去的政务次官。政务次官在法律和制度上的权限暧昧，被称为"盲肠"，与实质性的决策几乎并无关联。从自民党人事惯例来看，当选两次议员

的年轻政治家即可担任政务次官，这一职务的主要意义在于为成为族议员充当跳板。另外，如果询问当时在自民党、社会党等联合政权时期有过担任政务次官经历的年轻政治家何为政务次官，得到的回答会是寒暄人员。也就是说，在各种活动中代表工作繁忙的大臣出席、出面寒暄就是其主要工作。在过去的人事布局中，各省设有一名大臣及一到两名政务次官（内阁官房里则为官房副长官），这两名或三名成员即是各省厅中全部的政治领导者。但是，大臣与政务次官缺乏合作，实际情况中并不存在政治领导者。也就是说，并不存在对上情下传的官僚组织予以指挥监督的体制。[①]

取代这种形式化的政务次官，采用副大臣与大臣政务官制度。首先意味着在省厅组织中增加政治任命的职位。设置两名副大臣、两到三名政务官，在行政机构中拥有职务的国会议员数量较之以前成倍增加。可以设想，副大臣和政务官接受大臣的直接领导，政策草拟和各省间或是各省与执政党间的调整也得以进行。

这样的制度改革在联合政权的执政党间达成一致并得以实现的背景在于，对此前尤其是20世纪90年代日本政策制定过程中的政治领导力低下进行了反省。本应统治各省的大臣和政务次官对于重要的决策并没有十足的把握。在过去的大藏省，虽然多采用作为金融政策手段的行政指导，但就成为指导依据的银行局长通告而言，大臣、政务次官并未参与其审批，这在查证不良债权处理的过程中表现明显。对于这样的状况，包括自民党政治家在内的政界人士均有所不满。进而，在以日本长期信用银行和日本债券信用银行的经营危机为开端爆发的1998年金融危机之时，对回避这种状况的策略进行了探讨，在此过程中，由于被称作"政策新人类"的执政、在野党年轻议员拥有制定排除官僚法案的经验，所以政治家参与政策形成的热情高涨，这也是促成此次制度改革的重要原因。

另外，作为国会改革中与行政密切相关的内容，政府委员制度的废除也是重要的一点。一直以来，中央省厅的官僚（多为局长、

---

① 菅直人『大臣』、160 页。

审议官级别，事务次官不能成为政府委员）作为政府委员在国会的委员会审议中进行答辩。但是，这一制度使得不具备对政策进行说明、争论能力的政治家也可能成为大臣，因此被批判是有碍于政治家主导的政策议论。国会议员久保田圆次就任防卫厅长官期间，于 1980 年 1 月在众议院预算委员会上，面对在野党的质询，"由于事关重大请政府委员进行回答"的"直率"作答成为话题。根据自民党和自由党政权的一致意见，国会中的回答均由大臣等政治家进行，官僚（在国会中称为"政府委员"）的回答在原则上被废除。而后，决定效仿英国议会的提问时间，在参众两院设立国家基本政策委员会，在此进行首相与在野党党首间的相互争论。

　　这一改革与国会地位的变更亦有关联。或者说，由于这些制度改革，日本的内阁制度也得以更加接近英国的威斯敏斯特模式。过去，国会中政府与在野党间的审议，形式上是由在野党对政府提出的法案、预算进行相关质询，实际上则是对政府有关总体国政的见解进行质询，在对预算、法案进行审议这一实质的基础上，在野党维持了对提案者——政府进行质询的形式。另外，如果对法案相关内容进行质疑，则应该令在法案制定过程中进行实质性工作的官僚以政府委员身份参与答辩，这对于确保审议的价值而言是不可或缺的。对此，废除政府委员制度，以总理大臣以下的大臣和在野党党首间的互相辩论为中心进行委员会审议，这意味着国会并不是狭义的立法机关，而是执政党、在野党间展开政治竞争的场所。为了使这种政治竞争变得更为鲜明，政府委员这种行政要素会被国会排除在外。这种改革如果能取得实质性效果的话，国会作为最高机关发挥其为国政指明大方向的功能值得期待。就这一点而言，政府委员会的废除，其意图不在于强化国会的立法职能，而在于强化其作为政治性领导机关的优势。

　　副大臣和大臣政务官具体应该拥有哪些权限，如何工作的问题并未被充分考虑。特别是即将对这一制度的运用进行现实性探讨、形成惯例的 2001 年 4 月，由于小泽一郎率领的自由党解除了同自民党的联合，这一问题可以说被搁置起来。2001 年 7 月的总选举后，在第二次森喜朗政权时期，副大臣和大臣政务官被当作大臣的职员加以任用。然而，直至今日二者仍未被赋予在官厅组织系统中掌管集体事务、在决策中发挥权限的地位。

三　21世纪日本的内阁统治

（一）小泉政治的诞生背景

选举制度改革和内阁职能强化要想发挥实际效果，在制度改革后就需要一定的时间，经历几次选举。在森喜朗和小泉纯一郎两任政权时期，日本内阁制度的运用发生了急剧变化。

森喜朗政权本身是旧式内阁最后的典型范例。森内阁自诞生过程开始就有所异常。2000年4月，小渊惠三首相因脑梗死病倒，陷入昏迷。当时的内阁制度对首相遭遇突发事故的情况下如何决定其临时代理，并没有像美国宪法那样做出明确规定。虽说如此，若进行常识性思考，则应该召开紧急内阁会议，以官房长官为中心就继任首相的选出方式进行协商。虽曾有1980年6月参众两院同日选举之际，大平正芳首相因心脏病突然病倒，而由时任官房长官的伊东正义担任临时代理首相的先例；但是，内阁和自民党的官方机关并未召开会议，而是由干事长森喜朗、政调会会长龟井静香、干事长代理野中广务、官房长官青木干雄、参议院议员会长村上正邦五人进行秘密集会，做出了选择干事长森喜朗为下任总裁的决定。这一事例意味着屡次发生在自民党身上的党内协调背离社会舆论的行为已走向极致。

然而，森喜朗政权极不受欢迎，创下了内阁支持率仅为6%的历史最低纪录。如果森喜朗政权继续执政，那么自民党就会在预计于2001年7月举行的参议院选举中大败而归，受到这种强烈危机感的影响，森喜朗于2001年4月宣布下台。而后，在决定继任者的总裁选举中，小泉纯一郎与桥本龙太郎展开竞争。国会议员大多支持桥本一方，虽然这是投票者受到极大限制的自民党总裁选举，但小泉仍走上街头寻求一般市民的支持。他提倡进行构造改革，呼吁摧毁抵抗改革的自民党，得到了一般市民的大力支持。于是，在这样的舆论背景下，在一般党员投票中小泉获得压倒性胜利，几乎独占分配给各都道府县的全部选票。小泉乘胜前进，在国会议员投票中也获得胜利。

具体经过不再赘述，小泉政权时期所发生的变化是向威斯敏斯特模式的过渡，是向英国型内阁制度运用转变摸索，2005 年 9 月的所谓邮政解散总选举①使得这一变化成为现实。

首先对这一变化的主要背景加以整理。

第一，最大的原因在于国民对于日本模式的内阁议会制运用的不满已经累积到极限。森喜朗政权的诞生可以说是自民党实力派人物将权力私有化所致。因此，党内融合有悖舆论这一自民党政权的短处集中体现在森喜朗政权中。国民要求内阁运作具有公开性、直接性。虽说是直接性，但并不意味着国民直接选出首相，其意义在于舆论能够直接在自民党的总裁选举及决策中得到反映，消除自民党背离舆论的现象。

第二，有人指出，泡沫经济崩溃后的停滞已有十年，依靠政治主导解决的问题被积压，舆论也要求出现一位强有力的领导人。在解决日本经济桎梏的不良债权问题上，传统的前定和谐型政策形成体系无能为力。各个官僚机构寻求的并不是个别对策，而是有必要建立可以使行政机构与执政党成为一体的体制，这种认识逐渐普及开来。

第三，由族议员和官僚组织的联合体进行利益分配政治的周围环境迅速变得严峻起来。一方面，作为小渊惠三政权时期所实施的大规模景气政策的结果，财政赤字激增甚至跌落到发达国家的最差水平。如果对财政的可持续性加以考虑的话，那么传统的经济刺激政策和利益引导型政策已经无法继续开展的认识逐渐蔓

①　指 2005 年邮政民营化草案在参议院遭到否决后，时任首相小泉纯一郎强行解散众议院，提前进行的大选。——译者注

149

延开来。

同时，从政治伦理和政策效果方面来看，舆论对于利益分配政策的批判也有所增强。小渊惠三政权时期的大规模经济刺激政策并未获得极佳的效果，反而使推广传统型的公共事业已经无法刺激经济复苏的议论在经济评论界变得越发得势。另外，舆论对族议员通过斡旋、调解扭曲政策分配，加深政治腐败问题的批判亦高涨起来。2002 年春天，国会对众议院议员铃木宗男参与权钱交易的行为进行了追责，并且对铃木本人以间接受贿罪逮捕、起诉。

总而言之，传统政官间的地下根茎网络组织是有悖于国民和舆论的封闭式关系，它妨碍了必要政策转换的进行，成为思想决策体系的障碍。另外，受其影响，政治及行政腐败、浪费的负面形象也在小泉政治中迅速扩大。对小泉政权寄予厚望的无党派阶层对于过去政权中存在的诸多浪费、导致腐败的利益诱导深恶痛绝。所以，这些无党派阶层对呼吁组建小政府，对与族议员、官僚组织联合体展开对决的小泉首相予以支持。内阁制度的运用原本是与资源分配及特定政策内容并无直接关系的课题，终归只是一种与制度运用相关的活动。然而，21 世纪初的日本，在对族议员和官僚组织的联合体所追求的日本式再分配政策进行批判的脉络中，关于自民党的集权化和强化内阁向心力的议论有所扩大，其得到了舆论支持，这一点值得引起注意。①

（二）小泉政治改变了什么

在这种背景下，内阁与自民党发生了很大变化。

1. 内阁

首先，在内阁中废除了之前以当选次数为依据的内阁成员任用

---

① 在铃木宗男的亲信中，被称作"外务省情报通"的佐藤优回顾其因轻微罪责而被诉诸审判的经历时使用了"国策搜查"。佐藤優『国の罠——外務省のラスプーチンと呼ばれてばれて』新潮社、2005。他认为，在舆论从再分配政策转为支持小政府方面，铃木宗男的立案具有重要意义。但是，在与作者的对话中，他认为对由集权的内阁上层直接推动检查厅的做法估计过高。他说，日本的政府，各官厅都在揣度政权中枢的意思，日本是相互揣度的社会。

机制。同时，派阀失去了作为选拔任命内阁成员基本单位的意义。小泉提倡"一内阁一阁员"，辜负了多数自民党议员的期待，对频繁进行内阁改造的旧习予以否定。另外，即使进行内阁改造，作为亲信、负责相关经济事务的内阁成员也得以留任。另外，小泉通过录用民间人士及年轻人的做法，成功使推动国政运行的领导人集团给人以清新之感。

小泉对桥本行政改革中设置的首相协同机关进行了有效利用，特别是拥有较大影响力的经济财政咨询会议。小泉起用来自民间的竹中平藏（庆应大学教授，后成为参议院议员）担任经济财政大臣，还在该咨询会的民间成员中起用了日本经济团体联合会会长奥田硕和财界大亨牛尾治朗。因此，该咨询会在经济政策的决策中拥有了很大影响力。小泉还任命宫内义彦（欧力士集团会长）担任综合限制改革会议（后来的规制改革民间开放推进会议）主席，让其指导放宽限制的相关讨论。

在这种人事安排下，小泉首相力图由首相官邸主导政策执行。以舆论支持为背景，自民党在任用党外人才的同时实现其政策目标，自民党之所以这样做，是为了适应国民对直接参与相关事务的期待。在小泉政权时期，内阁与执政党的二元体制并未消失，与公民党组成联合政权也使得上述变化难以实现。但可以确定的是，内阁的权威较之前有所提高。这一点在下文所述的政策形成体系的变化中有所体现。

2. 自民党

自民党所发生的变化是党的中央集权化和在有关政策路线方面的单纯化。为理解自民党的这种变化，有必要如前述那样对森喜朗政权时期自民党面临的极大危机加以认识。在党内政策理所当然与舆论相背离的时代，即使自民党本身不受欢迎，各议员也会守住自己的后援会，如果能够确保在票仓获得的选票数量就可以在选举中成功当选。但是，一方面小选举区制度得以固定，另一方面一直以来支持自民党的各种组织、团体的动员能力有所下降。因此，领导人的受欢迎程度、政权形象对各个选区中政治家当选与否产生了重大影响。森喜朗政权末期，相关人士抱有这样一种恐惧心理，那就是自民党在这样一位总理大臣的带领下无法迎接来自选举的挑战，这就是此后自民党发生变化的起点所在。

第一个变化，派阀的弱化以及党的向心力增强。在小选举区制度下，可以决定政党是否对候选人予以公认的执行部门权力大增。与中选举区制度时代不同，无党派人士虽可成为候选人并击败政党公认候选人当选，但此后若想加入自民党则极为困难。另外，政党的补助金也使执行部门的权力有所增强。这些原因导致派阀逐渐弱化。在不允许党内意见背离舆论的情况下，沉溺于派阀斗争而饱受舆论批判并不是高明之举。与此同时，自民党议员凭借自身资源在选举中获胜这一因素的重要性越来越低，之前将当选次数作为标准的平等主义也走向崩溃。既然自己能否当选依赖于政党的公认及资金援助，那么对执行部门做出的人员选拔决定也很难予以抵抗。就这样，自民党由派阀联邦制逐渐向中央集权体制过渡。

第二个变化，总裁选举有所改观。总裁是党的颜面，其受欢迎程度对每个政治家的选举都有很大影响。议员在总裁选举方面舍弃了将自己所在派阀作为基本单位的想法，变为将何人一并印在自己的竞选海报上这一视角来考虑问题。能够清楚反映这一变化的是 2003 年 9 月的总裁选举。当时，桥本派并未推举其派阀的总裁候选人，在总裁选举方面，消除了舆论与政党间的龃龉。即使是在小泉表明退意，就其继任者展开争夺的 2006 年 9 月自民党总裁选举中，候选人在一般国民中的声望也对总裁选举起决定性的影响。这使围绕总裁职位展开的派阀间权力斗争逐渐丧失其运作空间。

第三个变化，政策相关方面的单纯化。针对财政危机和特权政治的非难变得更为强烈，在这种情况下，利益诱导宣传很难在选举区和业界发挥作用，而选举时政治家所提出的政策成为全国通用的宏观性产物。由于小泉首相的构造改革路线长期保持较高声望，各政治家也明确提出"与小泉首相一道坚决实行构造改革"之类的口号。尤其是 2005 年在邮政解散选举中，这种政策性单纯化得到彻底贯彻。关于这一点，将进一步加以详细探讨。

总之，自民党从曾经保持政策多样性的政党变成一个以小泉首相所倡导的新自由主义式政策为中心的政党。

3. 决策机制

虽然决策机制也显现出变化的征兆，但还无法断言自民党所创造的政官间地下根茎网络组织已经崩溃。关于多数政策课题，执政党的政策调查会和官僚间的谈判、调整每天都在进行。但是，为解决这一地下根茎网络组织常会陷入难关的问题，小泉政权确实采用了别的办法。其中之一就是对前文所述的咨询机关加以利用。经济财政咨询会议对预算编制发挥了很大影响。该会议决定每年预算的基本框架，即所谓"骨太方针"[1]，确立了预算编制的舞台及管理计划的新规则。进而自 2002 年起，经济财政咨询会议在制定"骨太方针"之后，还会对"预算总体情况"进行讨论。接下来，从 2004 年开始，与"预算总体情况"一道，该会议也会对下一年度经济增长率的预期加以讨论。[2] 就这样，经济财政咨询会议作为决定财政政策基本框架的指挥部逐渐掌握了大权。

因此，以获得预算为目的的各省及其背后的族议员，参加到骨太方针的制定过程中去，拼命使自己的主张在方针中有所反映。竹中治坚指出："刚开始，在自民党和各省厅中存在这样一种认识，那就是骨太方针并没有太强的约束力。"[3] 但是，财务省作为预算编制的发起者，确定了这种由咨询会议制定的骨太方针的地位，在凡是有悖于此方针的预算通通不得纳入预算之列的逻辑之下，对各省的要求加以限制。这种对政策讨论的前提条件进行规定，将族议员、官僚联合体的活动限制在一定范围内的方法，在历史上有先例，在依第二次临时行政调查会建议进行的行政改革时期，大藏省

---

[1] 即"经济财政运营和结构改革基本方针"，由经济财政咨询会议制定，是日本政府编制年度预算的基础性依据。——译者注

[2] 竹中治堅『首相支配——日本政治の変貌』中央公論社、2006、177 頁。

[3] 竹中治堅『首相支配——日本政治の変貌』、178 頁。

为了重建财政，曾制定出零（负）预算。① 此次，财务省利用临时行政调查会的替代品——经济财政咨询会议的权威，使紧缩财政政策合法化。

由于上述程序变化，经济财政咨询会议的作用得以加强，其中的政策形成过程也发生了变化。竹中将这种现象称为"经济财政咨询会议的双重构造化"。② 在政策形成的核心部分，首相和主要内阁成员及该会议的民间议员对重要课题进行讨论并确立其方向。小泉首相一贯坚持的邮政事业和特殊法人的民营化等也是在核心过程中得以确立的议题。于是，在外围过程中，该会议的事务局与各省厅官僚进行了调整，就次年预算中应加入何种事业展开讨论并做出决定。可以说，在外围过程中，提前进行了预算编制。

在这种外围过程中，调整工作是通过与各个政策相关的旧有地下根茎网络组织进行的。但是将这种活动限定于骨太方针等范围内正是小泉内阁政策制定过程的新特征。然而，究竟是由内阁主导还是由首相主导，或是由改变形式后的官僚主导，小泉政权的智库——经济财政咨询会议在财政、经济政策的讨论中能够在多大程度上保持独立尚不明确。由于财务省官僚也可以调至该会议的下属事务局工作，其民间议员也在过去的各种审议会中工作，所以从这个意义上讲，上述人员与财务省皆有渊源。小泉首相本人从作为年轻议员时期起就与大藏省—财务省有着密切关系，这一点世人皆知。也可以从中看出财务省在利用经济财政咨询会议的同时达成其削减年度支出的这一面。

另一个是党内思想决策规则的变化。自民党党内的政策协调被推向传统的下情上传模式，作为党内思想决策的最终机关，总务会依据全员一致的原则进行决策。这就保证在党内完成协调的法案能

---

① 关于依据已知条件的设定进行支出管理这一方法，参见山口二郎「政治と行政——财政政策における相互浸透をめぐって」『思想』第 826 号、1993 年 4 月。

② 竹中治堅『首相支配——日本政治の変貌』、180－182 頁。

够在国会顺利通过。但是，由于党内到处都存在着拥有否决权的集团，所以对于在赞成与否方面存在分歧的重大问题，其也有无法迅速做出决定的缺陷。特别是关于邮政民营化法案，小泉首相提到有没有可能省略党内的事前审查。结果，在内阁会议对相关法案做出决定之际，自民党才在总务会依据多数决定原则同意将这一法案提交国会。总务会依据多数决定原则形成统一意见，这有悖于自民党的惯例，这对邮政民营化法案在国会的审议造成重大影响。反对派以总务会的决定存在瑕疵为由使反对变得合情合理。但是，这种主张并未得到舆论的理解。大多数人认为作为政党，不得不在必要情况下采取多数决定的方式。这样，在小泉政权时期的自民党内发生了比起党内的意见统一，更重视对首相提出的重要政策进行迅速决定、实施的大变化。

（三）围绕首相统治的认识与评价

上述变化，在邮政民营化法案被参议院否决后的解散总选举时尤为明显。这次解散总选举除了内阁与执政党关系这一主题以外，还包含了两院制中内阁与第二院关系这一复杂主题。日本宪法构造中，采用了包括拥有极大权限的参议院在内的两院制。自民党在参众两院拥有稳定多数席位的时代，内阁与国会的分歧及众议院、参议院、内阁三者复杂对立的问题并没有出现。但是，在自民党接连未能于参议院获得过半数议席的情况下，内阁领导人把在自民党内仍存在分歧的重要问题提交至国会，引发了日本宪政史上首次因内阁与参议院对立而导致众议院遭到解散的事件。小泉首相在2005年8月决定解散众议院的内阁会议上，做出了罢免反对解散的农林水产大臣岛村宜伸并由自己兼任其职务的内阁决议。这就是在战后日本政治史上极为罕见的由总理大臣本人最大限度地行使权力的事例。这个事例告诉我们，既然总理大臣可以自由任免内阁成员，那么在内阁内部出现反对意见的情况下，总理大臣可以罢免持反对意见的内阁成员从而确保内阁的团结。

1. 邮政解散与宪法

关于邮政解散，首先在宪法上存在疑义。因为法案在参议院遭到否决，所以就将通过该法案的众议院解散，这种思维被批判为不合乎道理。特别是如果将议会视为对内阁进行协助的机关，那么解散就成为对议会反抗内阁的一种惩罚。在战前的帝国议会中，因众议院解散而失去身份的议员被称为"敕勘议员"。若从这种视角来考虑的话，故意将通过法案的众议院解散就毫无道理可言。自民党中邮政民营化的反对派进行了这样的批判。①

但是，正如前文中所指出的那样，将解散众议院视为内阁与国会权力分立关系中的抑制均衡，从政党政治的逻辑上看是极为勉强的。在既有权力机关之间围绕政策决议陷入僵局的情况下，应该将解散众议院定位为一种依据明确民意解决矛盾，从而使国政恢复正常运行状态的手段。这样一来，以围绕邮政民营化问题产生的内阁与国会的分歧为争论点，由小泉首相主导的解散众议院，就具备了政治意义。

特别是在实质性的一院制下，依照民意进行解散，这种定位易于获得理解。但是，在两院制下，是否也将解散当作这样一种政治手段并使其合理化，这一争论点仍然被遗留下来。在这一点上，也可能会有批评认为进行邮政解散就是否定两院制。但即便解散众议院，也完全不会对参议院的构成产生影响。因此，即使支持邮政民营化的一方在总选举中获得胜利，如果未能在参议院的再次表决中获得必需的 2/3 以上支持，相同的情形恐怕将反复上演。法案在参众两院获得通过才会成为法律，如果完全尊重这种两院制理念，那么小泉首相的做法就是对参议院的威胁。有批判认为，参议院议员因为这次表决、行动接受国民问责的渠道只有参议院选举，所谓其

---

① 理论上，因解散而丧失身份的前议员，也许会申诉解散的违宪性而提起诉讼。但是，无论如何也无法想象法院会受理这样的政治性问题。即使遇到毫无道理的解散，立即进行总选举，使国民的意愿得以表达，也很难彻底改变这种行为。这种解散、总选举是否符合宪法这一问题，只能进行政治性回答。参见山口二郎「邮政解散の宪政上の意义」『法律时报』、2005 年 10 月。

受到来自众议院选举结果压力的说法，只会使两院制失去其意义。

对民主政治而言，根本问题在于两院制下第一院和第二院的权力分配。在议会内阁制国家中，像日本这样，参众两院在立法方面几乎拥有对等权力的两院制实为罕见。当出现法案在参议院遭到否决的情况时，如果其未能在众议院获得 2/3 以上支持，那么该法案就不能成立，这在现实中几乎是不可能的。在大部分民主主义国家中，执政党即便在选举中获得压倒性胜利，也很少在众议院中获得超过 2/3 的席位。在两院协议会中也无法保证两个议院达成一致。关于两院多数派意见产生分歧时的调解方法，宪法中没有现实性的规定。

如果以强有力参议院为前提的话，议会内阁制权力融合的本质也应该适用于参议院。参议院若发挥其独特性，屡屡将法案否决的话，国政将陷入停滞。而且，从历史上看，在参议院创设的 10 年间，无党派和有名望之人的政治团体就已经显示出存在感，参议院逐渐与众议院一样被政党化。这一点也反映出对于统治而言，有必要将参议院的立法和行政权力相融合。

假如重视抑制均衡的话，就有必要保持参议院的自由批判职能，这种职能如果过于强大的话就会赋予参议院否决权。若对抑制均衡加以重视，则一方面要强化参议院的批判职能，另一方面又要规定一种在决议产生分歧时能够使众议院胜过参议院否决权的方法，且该方法要比现行的获得 2/3 支持的构造更为容易，这才是正常的制度设计。

参议院中反映民意的行为使权力的融合变得困难。在参议院不会被解散，任期为 6 年，进行半数改选的制度之下，其构成变化变得极为缓慢。某一时期得以明确表达的民意（在参议院）比起在众议院会被更长时间地保留下来。这一问题在自民党长期稳定政权下并未显现出来。但是，自从自民党在 1989 年的参议院选举中获得的席位跌破半数之后，这一问题就逐渐显现出来。自民党为了确保在参议院占据半数以上席位，不得不组成联合政权，由于执政党、在野党间的席位差距缩小，政权运作很容易陷入不稳定状态。

在这样的混乱中，在野党方面于 1998 年在参议院通过了问责决议案，还发生了迫使防卫厅长官辞职的事件。正是这样，参议院得以对内阁发挥极大力量。但是，由于参议院无法被解散，所以内阁方面没有任何手段与其对抗。关于推进政权的最重要法案被参议院否决，在参议院中也意味着内阁统治所必要的权力融合遭到取消。这样一来，众议院亦是如此，只能通过解散选举使民意得到体现，并重新进行权力融合，除此之外别无他法。在这种情况下，对于众议院总选举中所体现的民意，参议院也只能做出对其表示服从的决定。

如果首相以内阁与国会在有关重要政策方面的对立为契机解散众议院而进行总选举的话，那么该选举就拥有就相关政策进行国民投票的性质。在利害错综复杂而无法进行明确决策的情况下，明确争论焦点并解散众议院而寻求民意这种做法本身，无论在历史上还是对照外国先例都实属正常。正因为选举是国民意愿的表达，所以未接受选举洗礼的议会也要接受服从国民意愿这一政治决定的引导。

1979 年，当时的大平正芳内阁，因引入一般消费税（附加价值税）这一争论点解散众议院，进行了总选举，但以失败告终。这种通过解散众议院获取国民支持的手段是一种伴随着政权垮台风险的豪赌。在这种情况下，首相提出的正当理由、重要政策是否真正具备解散众议院的价值只能由国民来判断。

2. 民主政治的模式变化与小泉政权

21 世纪初，日本政治所发生的变化有可能超出民主主义的界定范围，如果这一变化能够限定在民主政治的范围内将成为着眼于实现民主政治模式转型的一个过程。

传统的日本政治可以说是一种多元式的民主政治。政党体系虽然是自民党一党独大，但自民党本身也能够实现多极共存型民主主义。如大家所知，自民党的政策性基础并不清晰，仍然存在相互矛盾的集团及利害关系。在选举中，并未讨论综合性政权公约，而是讨论了各地域的个别利益等。另外，各个领域的族议员和派阀通过开展日常性的多元性交涉、妥协，并以此运作领导人的选择及政策调整等。战后长期以来，这种结构在决策中能够相应地反映国民多种诉求，特别是在环境变化较小的和平年代，这一点值得予以肯定评价。

基于满足各个集团的多元式均衡，如果从另一面看的话，可导致既得利益产生姑息、停滞、闭塞的弊病。特别是 20 世纪 90 年代以后，由于政治经济大环境发生变化，政策体系本身亦有必要进行大规模变革，但是多极共存型民主主义却成为其阻碍。对于小泉政权所提倡的改革，多数国民亦有同感，他保持高支持率正是舆论期待政治及政策变化的反映。另外，由于发达的媒体，政治的实态也变得易于观察。随着这一变化，国民对于阻碍变化的政治体系方面的问题也感到焦躁起来。

这种状况促进了日本政治向一元型民主政治过渡。带来这种变化的主要原因，正是前文所述的选举制度、行政改革等。此外，像小泉纯一郎这种在行使总理、总裁权力方面毫不犹豫的领导人的出现更促进了以上现象的发展。

由于小泉的出现，日本国会中拥有多数席位的执政党也掌握了立法权与行政权，以强有力的方式实现其自身意志，这就使议会内阁制的本来面目得以持续显现。权力被一元化，责任所在也得以明确。如果小泉的政策和手段被国民所拒绝，使自民党在选举中失败从而引发政权更迭也未尝不可。反之，如果国民对小泉的政策予以支持，那么小泉政权以国民授权为背景，战胜抵抗势力实现其政策，这也是民主政治的一种形态。

3. 民主主义的进化还是危机

若将小泉政权时代的内阁制度运用作为全方位的民主主义模式变革而予以肯定评价的话还过于草率。内阁中权力的集中对于富有活力的民主政治而言是必要条件，而并非充分条件。日本政治的现状既是民主主义的进化，又是其危机。

首先，从进化的角度看，制度变化已有十载，政治改革的结果终于得以具体化。笔者也曾在 20 世纪 90 年代的政治改革议论中主张向威斯敏斯特模式或一元型民主政治过渡。此外，领导 21 世纪临时行政调查会等改革舆论团体也提出了同样主张。在实现将选举制度改为以小选举区为中心、强化内阁职能这一制度改革的基础之上，如不将民主政治模式与该制度相整合的话，其制度改革不会实现。在某种程度上实现过渡的小泉首相，虽说其政策与制度改革论者所设想的政策存在差异，但时至今日也不能对其所带来的体系变化予以否定。

但是，强有力的领导能力与独裁的差别微乎其微。仅仅主张邮政民营化这个单一的争论点，而其他方面则是全权授权的小泉首相的这种方法是独裁统治的开端。那么该如何克服这个危机呢。

首先，一元型民主政治有其必要条件，需要有强有力的在野党，而且需要存在政权更迭的可能性。其次，有公正的媒体对执政党和在野党双方进行准确批判，为国民进行政治判断提供情报的这一点尤为重要。人们之所以担心一元型民政政治会导致独裁，原因就在于在当今日本上述必要条件并不完备。

关于议会制度，特别重要的是以强化在野党为目的的制度调整及强化对政府执政党的牵制职能。在这一点上，有必要进行更为积极的制度构想。有反论认为多极共存型民主主义时期的国会论战的活力及紧张感更为高涨。随着向一元型民主主义的变化不断推进，国会中多数决定至上的氛围也有所增强。这就要求确保在野党（包括少数政党）的发言时间，并推进国会相关信息的公开。

与此同时，也有必要构建一种旨在对由在野党主导的政策形成予以支持的特别构造。相对于政府所拥有的庞大信息，无法利用信息成为在野党制定政策的障碍。面对在野党所处的不利环境，有必要对如何助其脱困进行思考。

在前文，笔者曾表述参议院的抵抗成为进行必要决策的障碍，但这并不是对两院制的否定。笔者认为有必要考虑一种有别于与行使立法相关的否决权的其他形式，构筑对政府执政党的牵制职能制度。例如，就参议院而言，就是设法将国政调查权赋予各个议员及政治团体。

总之，以小泉首相为开端的政党政治转换已成为无法逆转的现象。为避免其落入独裁和蛊惑民心的政客之手，政治学和宪法学理应发挥更大的作用。

（四）21 世纪的内阁统治

1. 2001 年体制的虚实

最后，就小泉首相卸任后的日本政治特别是内阁统治的理想状态进行展望。在这里，最大的疑问就是即使在小泉这样的特殊人物退出政坛以后，小泉时期的内阁制度运用惯例或约定俗成是否会持续下去。

竹中治坚创造了"2001 年体制"这一新词。他强调，在小泉政权时期所发生的变化绝非偶然，而是一种不可逆的制度性变化。[①] 关于 20 世纪 90 年代之后日本政治所发生的变化，可列举出以下五点。

第一，政党间的竞争框架得以确立。

第二，获得及维持首相地位的条件发生变化。

第三，首相权力有所增强。

第四，行政机构的状态发生突变。

第五，参议院议员的影响力有所提高。

竹中所列举的变化与已经在本章所指出的情况相吻合。掌握政权的两个大型政党虽然可能与中间党派相联合，但作为中心，在选举中围绕政权的竞争以及政权更迭的可能给予政党政治紧张之感。由于这种紧张感，各政党都选择最强势的政治家作为党首，在与国民商定政权构想方面煞费苦心。同时，由于小选举区制度和政党补助金的设立，政党的集权化得到进一步发展。另外，通过对内阁首相权限的强化及辅佐机构的调整，首相的向心力有所增强。这样一来，日本的内阁制度运用也更趋向于首相支配的状态。这样的结论，笔者也进行过表述。

①　竹中治堅『首相支配——日本政治の変貌』、237－259 頁。

但是，在竹中所罗列的五点内容中也存在问题。第一个疑问是强化首相权限的意义。正如竹中的议论所代表的那样，持肯定态度也好，否定态度也好，屡屡听到桥本的行政改革使内阁制度发生了根本性变化这样的评价。但是，这并不是进行修宪，议会内阁制的框架是不变的。首相过去就拥有人事权。首相依据内阁法修正案所拥有的主持内阁会议、提出议案的权限，也应该理解为将以前由首相实际行使的事务在内阁法中进行明文规定。即使是在洛克希德事件发生之际成为问题的首相职权，也依然确立了总理大臣可通过内阁会议对各省大臣的工作进行指挥的宪法解释。不能轻视桥本行政改革中制度改革的意义，其在将过去首相所拥有的潜在领导力、影响力明确记载于法律这一点上是有意义的。

为对小泉时期所发生的变化程度做出评价，有必要考察之前首相无法行使其权力的理由。首相无法发挥领导力并不是因为日本议会内阁制的制度性缺陷，而是因为历代自民党内阁都对首相领导能力的发挥进行了自我限制，并将这一点作为运用内阁制度的目标。必须进行一年一度的内阁改造，必须任命当选过一定次数国会议员的人为阁员，这些规则无处不在。

这些运用之所以成为可能，正像业已说明的那样，是因为战后某一时代的政治、经济环境。以政策的大框架为前提，政治可以对其中的利益分配和利害调整进行处理，所以才使得内阁有可能成为一个"空洞的中心"。另外，也正是因为不存在政权更迭的现实可能性，所以自民党政治家对于国民的一般性评论并无顾虑，无论是在人事还是政策方面，只是采取满足自身追求的政治行动。政党尤其是执政党的组织构造、政策形成体系很大程度上影响了内阁统治的应有状态，这一点在对照战后自民党政权经验之时也十分明显。

这种情况在进入 20 世纪 90 年代之后迅速崩溃，其最终结果就是小泉这种特殊领导人的出现。90 年代的制度改革的确有利于小泉发挥其权力，但制度并不是其中的决定性因素。如若不对政党政治的理想状态加以分析的话，将无法预测小泉之后内阁统治的走向。应将小泉个人带来的政党政治变化与内阁制度变化所导致的内阁统治变化加以区分。

　　第二个疑问是首相支配与参议院的关系。日本的两院制除了提名首相和表决预算之外，参议院与众议院的权限几乎相等。这一点正如已说明的那样，议会内阁制的一元性质较为淡薄。竹中对此也有相同见解，同时他对邮政解散事件中所发现、体验的可以克服参议院抵抗的手段表示重视。此后，参议院已经无法轻易抗拒首相领导能力的这种见解逐渐清晰。

　　将小泉首相的邮政解散这种仅有一次的特殊经历当作首相对参议院的统治手段，并将其普遍化这一点存在疑问。在重要法案遭到参议院否决的情况下解散众议院是一场冒着失去政权风险的豪赌。若想按照首相的意志使用解散这张王牌，需要种种必要条件。仅凭邮政解散事件是无法立刻判定内阁与参议院的力量关系是否发生了变化。

　　此外，参议院一方对内阁权力加以牵制、制约而处于强势，内阁一方处于相对弱势的状况依然存在于当今日本的宪法构造中。因在参议院选举中大败，首相引咎辞职的情况也屡屡发生。在日本政党政治中，首相对参议院选举负责的惯例已成定论。首相不得不对三年一度的参议院选举给予极大的政治关注。因此，首相也不得不与参议院干部保持长期友好关系。由于参议院是每三年改选半数席位，所以政党席位数的变化较为缓慢。无论哪个政党执掌政权，执政党与在野党在参议院也将暂时处于无法发生逆转的伯仲状态。也正是因为这样，参议院的影响力才得以保持。作为执政党，如果对在内阁引发叛乱的参议院议员施以严惩，最后只能导致执政党在参议院的基础遭到侵蚀。这也是为何针对在邮政民营化法案表决之时表示反对、弃权的参议院议员的处罚、待遇方法与众议院截然不同。在众议院，造反派议员会被毫不留情地开除，而在参议院只会不了了之。因此，虽说通过除名和剥夺公认资格等手段，执政党的纪律得到强化，而对于内阁的强制服从机制在参议院中难以奏效。

　　参议院的选举制度也起到削弱内阁向心力的作用。参议院中有着全国一体的开放式比例代表。国民的投票在很大程度上受到首相形象和宏观政权评价的影响，由于在全国范围内进行个人选举竞争，所以大集团的支持就成为不可或缺的条件。因此，虽说力量有所下降，但巨大利益团体的存在感有所高涨。而国土交通省和农林水产省等的原官僚因得到相关业界团体的支持而成功当选的事例层出不穷。这样的选举制度导致参议院成为本书所说的地下根茎网络组织的温床而持续发挥其职能。这一点也使参议院成为妨碍内阁统治提高向心力的障碍。

出于上述理由，不得不说竹中所提出的 2001 年体制这一主张将小泉政权时代的经历过度普遍化。

2. 内阁与政党政治的未来

应该说，日本内阁统治的现状是自民党一党独大体制中所养成的旧惯例及 20 世纪 90 年代以后逐渐形成的向心型内阁统治的混合、并存。作为内阁统治的主要因素，从本书所主张的政党基础的重要性出发，在对未来内阁统治进行展望的同时，也有必要对政党的延续和变化进行观察。

政党的向心力有所增强，其生命力却有所衰弱。派阀功能的弱化也与人才培养和政策探究能力的整体降低有关。若派阀斗争消失，领导人会失去锻炼机会，只会出现力量弱小的领导人。进一步说，领导人会丧失培养对政治这一工作的热情和责任感的机会。

现在，政党中的集权化、凝聚力提升并不是因领导人的优秀领导力和政策掌控力而产生的积极、能动式突变，而是政党的普通议员以自保为目的，放弃自身思考、发言、行动而与大趋势步调一致的消极、被动式集中化。因此，虽然从外表上看内阁呈集中化趋势，但这是否与其统治能力的提高有所关联还存在疑问。笔者之所以主张无法将小泉时期出现的内阁统治模式无条件地植入后小泉时期的自民党政权，正是出于这样的考虑。

政党的选举基础的脆弱化更加明显。1999 年的自（民党）公（明党）联合政权上台以来，自民党在选举中对公明党的依赖持续加强。如今，若是没有公明党在选举中的协助，自民党无法守住第

第四章 内阁在政治变动中的变革

一大党的地位，即便是在总选举中获得压倒性胜利的 2005 年，这一点也同样适用。支撑威斯敏斯特模式的是拥有组织基础、拥有政策和政权担当意愿的独立政党。在这个层面上，日本政党政治还不能说已经向英国式过渡。

最大的政党自民党如今也依赖于选举合作，那么可以预想的是，日本的联合政权短时间内将继续存在。换句话说，也就是不会有纯粹的两大政党制。联合政权的持续对于富有凝聚力的内阁统治而言成为其具有不可预测性的主要原因。在日本，无论是自民党还是民主党执掌政权，其政权的中心将以大政党与对其进行补充的中小政党相联合的形式持续下去。然而，补充政党的发言越有分量，富有凝聚力的内阁统治就越难实现。这里所说的政治是从国民内阁制论所说的直接民主制转而接近间接民主制。补充政党发言的分量与作为政权基础的政党的力量呈对应关系。回顾小泉政权时期，在小泉首相的压倒性人气面前，公明党压制了自身的独立色彩，对政权运行予以协作。但是，若首相的人气下降，国民对于自民党所推行政策的支持有所下降的话，补充政党无疑会发挥其独立性。这一点也使得无法迅速判断富有凝聚力的内阁统治能否持续下去。

以小泉时期发生的内阁和自民党凝聚力提高及集权化为重点，20 世纪 90 年代之后以威斯敏斯特模式为目标的政治、行政改革大致结束，对其加以肯定的评价成为可能。对于政策内容的好恶另当别论，若观察作为机制的内阁统治和执政党运作，应该可以看出对国民负责的政党政治、内阁统治已经开始。但是，毫无生命力可言的机制无法自发对民主政治的实际情况进行改善、提高。维持民主政治的关键不是期待制度运行，而是培养、历练制度担当的主体。正如本书起初所表述的那样，议会内阁制作为一种法定制度不可能面面俱到。通过在各方面运用上下功夫，积累惯例，从而创造出新的国家制度，这关系到更好地对内阁制度进行改革。在这个意义上，后小泉时期的日本政治可以说面临着很大考验。在以联合政权为前提的基础上，如何建立一种负责、有效的内阁统治这一课题尚未得到解决。就此，笔者认为有必要在今后的总选举中确立这样一种惯例，即两大集团的政党联盟事先确立其基本政权纲领并予以公布，以此展开围绕政权的竞争。

还有一个课题就是培养一个能够对健全的议会内阁制予以支持、拥有执政能力的在野党。由于这个问题已经超出了本书的范围，故在此不多赘述，但笔者想再次指出的是，这方面的努力一旦松懈，则已经完善的内阁统治机制将有可能面临失控的危险。有必要对于进行集权化且拥有很大权力的内阁进行不断地批判和挑战。在这个意义上，应以强有力、有效内阁与强有力国会的并存为目标推进国会改革和加强对政党及政治家的锻炼。

后　记

　　笔者对内阁制度的关注约始于 20 年前，那时笔者正在美国留学。在总统制国家关注议会内阁制，听起来也许有些奇怪。笔者对最前沿的美国政治学几乎没有兴趣，通过在图书馆阅读伍德罗·威尔逊等的美国行政学经典图书拓展了对宪法制度、政治制度的兴趣。在留学时"邂逅"了在本书中亦有所引用的《议会改革》（*Reform of Parliament*），伯纳德·克里克的这本书让笔者在议会内阁制和议会制度方面打开了眼界。这方面研究的部分成果被收录在《一党支配体制的崩溃》（岩波书店，1989）一书中得以出版，然而撰写一本有关议会内阁制的正式研究著作是笔者多年来的课题。因此，在行政学丛书计划提出之时，笔者毫不犹豫地选择了"内阁制度"这个题目。

　　自那以后，出于种种原因迟迟未能动笔，这给计划负责人——东京大学出版会的竹中英俊和齐藤美潮造成了极大困扰，在此也向他们致歉。但是，若要为笔者的拖延加以辩解，那么在笔者看来，正是由于经历了整个小泉政治时期，围绕内阁的种种政治动态和制度运用上的变化才可以包含在此次研究的对象当中，这也使本书成为一本能够对当下日本政治起到解读作用的书。

　　在这十年当中，笔者一直对政治批判和新书创作抱有热忱，保持敏感，而在撰写行政学相关论文方面的投入并不充分。对此笔者深感羞愧。这次，无论如何能够完成行政学丛书当中的一册，得以继续留在行政学研究人员的行列之中，心感宽慰。

　　在本书的撰写过程中，两位优秀的宪法学者——曾经的同僚高见胜利以及现在的同僚冈田信弘，他们对笔者的激励和指导发挥了重要作用。对两位的帮助表示由衷的感谢。此外，一贯从政治学角度对宪法学加以评论的松下圭一先生，他的成果指引笔者前行。向他致意。

最后，多亏东京大学出版会齐藤美潮的陪伴才得以完成此书。在此表示衷心感谢。

山口二郎
2007 年 3 月

索　引

176

阅读日本书系选书委员会名单

图书在版编目（CIP）数据

日本内阁制度 /（日）山口二郎著；吕耀东，谢若初，王惠波译. －－北京：社会科学文献出版社，2017.9
（阅读日本书系）
ISBN 978 - 7 - 5201 - 1345 - 8

Ⅰ.①日… Ⅱ.①山… ②吕… ③谢… ④王… Ⅲ.①内阁制 - 研究 - 日本 Ⅳ.①D731.32

中国版本图书馆 CIP 数据核字（2017）第 211650 号

· 阅读日本书系 ·

日本内阁制度

著　　者 / ［日］山口二郎
译　　者 / 吕耀东　谢若初　王惠波

出 版 人 / 谢寿光
项目统筹 / 祝得彬　王晓卿
责任编辑 / 王晓卿　郭红婷

出　　版 / 社会科学文献出版社·当代世界出版分社（010）59367004
　　　　　地址：北京市北三环中路甲 29 号院华龙大厦　邮编：100029
　　　　　网址：www.ssap.com.cn
发　　行 / 市场营销中心（010）59367081　59367018
印　　装 / 北京季蜂印刷有限公司

规　　格 / 开本：787mm × 1092mm　1/16
　　　　　印张：12　字数：169 千字
版　　次 / 2017 年 9 月第 1 版　2017 年 9 月第 1 次印刷
书　　号 / ISBN 978 - 7 - 5201 - 1345 - 8
著作权合同
登 记 号 / 图字 01 - 2013 - 0526 号
定　　价 / 49.00 元